유희경

서울예술대학에서 문예창작을, 한국예술종합학교에서 극작을 전공했으며 《조선일보》 신춘문예를 통해 등단했다. 시집 《오늘 아침 단어》 《당신의 자리—나무로 자라는 방법》 《우리에게 잠시 신이었던》 《이다음 봄에 우리는》 《겨울밤 토끼 걱정》과 산문집 《반짝이는 밤의 낱말들》 《세상 어딘가에 하나쯤》 《사진과 시》 《나와 오기》가 있다. 현대문학상, 오늘의 젊은 예술가상 등을 수상했다.

천천히 와

천천히 와

유희경

위즈덤하우스

차례

작가의 말 천천히 와, 우리의 이야기로 6

마음의 문 16
기다림의 순간들 24
딴생각 34
당신을 기다리고, 당신은 오지 않고 42
마음이 되어가는 일 52
눈앞의 사랑함을 어쩔 줄 모르겠음 62
슬픔은 어디서 오는가 70
오래 바라보는 마음 78
투명한 세계 86
천천히 오는 것들 94
아직 오지 않은 아침 104
한눈팔기 112
일요일은 일요일 120

투명한 외톨이 128

공항 136

손 흔드는 마음 148

오지 않을 것을 알면서도 154

단 하나의 책장 162

슬그머니 나타나 가만히 사라지는 170

울먹이는 기분 178

창밖의 일 186

흐름 194

산책 202

편지 214

일요일 저녁의 기분 224

친구의 말 기다림은 현재 진행형 _오은 232

작가의 말

천천히 와, 우리의 이야기로

"당신은 아무것한테나 억지로 끌리지 않으시오니"

— 아우구스티누스,《고백록》7권

어떤 장면에서, 스따브로긴은 밤의 길을 걷는다. 성큼성큼 나아가는 그를 뻬뚜루샤가 쫓아간다. 뻬뚜루샤는 스따브로긴의 귀에 대고 말한다. "내 말 좀 들어보세요."

책을 덮는다. 카페 내부를 둘러본다. 이른 오전, 손님 없이 갓 구운 빵 냄새, 분쇄된 원두 냄새만 가득하다. 열린 유리문만큼의 네모난 빛이 들이쳐 머물고 있다.

문밖은 조그마한 정원이다. 정원에도 테이블과 의자들이 있고 환하다. 이 책의 편집자인 소연 선배를 만나기로 했다. 약속한 시간까지 5분이나 남아 있다. 그리고 몹시 조용하다. 그이가 오지 않으면 어쩌지, 하는 가정의 이후를 상상해본다. 물론 선배는 제때 도착할 것이며 우리는 빵과 커피를 나눌 것이며 이 책에 대한 상의를 하게 될 것이지만 나는 이 예정된 일련의 일들을 모른 체해보는 것이다. 그러고도 시간이 남는다. 다시 책을 펼치려다 말고 멍하니 앉아 있다. 문득 간지러움을 느낀다. 저 안쪽에서 무언가 살금거리고 있는 모양이다. 이대로 멈추었으면 좋겠다고. 아무도 없이 빵 냄새 커피콩 냄새로 가득한 이 카페가 비껴드는 볕이 이곳에 앉아 있는 내가 고스란히 지워지지 않는 얼룩처럼 그대로 남겨졌으면 좋겠다. 나는 테이블 위에 놓아두었던 카메라를 들어 사진을 찍는다.

    지금 내게 남아 있는 건 그때의 사진-이미지와 텍스트-이야기이다.

카메라를 가까이 두는 것만으로 세계의 풍경은 달라진다. 나는 이것을 '지연遲延'이라고 생각한다. 어렵지 않게. '느려짐'이라고 받아들여도 좋다. 느려지는 것은 세계가 아니라 내 쪽일 것이다. 잔뜩 세심해지기 때문이다. 주변의 움직임이라든가 시시각각 달라지곤 하는 빛 조건을 나누어 받아들이다 보면 '마침내' 바깥을 의식하게 된다. 잠시도 쉬지 않고 세계는 무언가가 되어가고 있으며 모든 것은 어느 한때에 잠시 머무르고 있을 뿐이라는 자각은 우리를 적잖게 쓸쓸하게 만든다.

텍스트가 드러내는 풍경은 사뭇 다르다. 이때 세계는 정지에 가까워지려고 한다. 고정된 채 고스란하다. 텍스트는 포착하지 않는다. 그 자체로 포착이다. 텍스트는 순간을 영원의 방향으로 이끈다. 텍스트는 소유의 문제로부터 자유롭다. 텍스트는 오직 텍스트의 것이다. 텍스트를 기입하는 사람은 텍스트에서 텍스트로 이동하며 텍스트로부터 멀어진다. 자꾸 멈춰서려는 텍스트를 붙들고 앞으로 나아가는 것은 이야기이다. 오직 이야기를 통해서만 텍스트는 흐름 속에 편입된다.

　사진-이미지를 통해 지연시키고 지연되는 세계에 어렴풋하게 눈을 떠가는 즐거움은 달리 비할 데가 없다. 그러나 내가 선택하게 되는 건 결국 텍스트-이야기이다. 자꾸만 멈춰서려는 세계를 붙들고 나아가는 텍스트-이야기는 시작과 끝을 가지며 나로부터 당신에게 간다. 선배를 기다리며 읽다 덮어둔 도스토옙스키의 소설처럼 이야기는 죽기도 하고 언젠가 결국 다시 펼쳐들 거라는 의미에서 되살아나기도 한다. 이 반복이 지속되는 한, "내 말 좀 들어보세요"라는 간청이 유효한 이상 나의 노력은 어떻게든 나아간다는 증명과 그에 대한 애씀은 나라는 존재의 유무와 관계 없이 지속될 것이다. 그러한 믿음이 나를 계속해서 쓰게 만들고 또다시 당신에게 무언가를 내밀게 한다. 그리고 나는 기다린다.

　기다린다. 나는 기다리는 사람이다. 끌리기를 사로잡히기를 기다리는 사람이다. 장소를 바꿔가며 시간을 옮겨가며 책에서 책상 앞에서 거리에서 기다린다.

나는 기다림을 쓴다. 기다리는 대상을 쓰고 기다림을
쓰고 기다림의 앞과 뒤를 쓴다. 내가 쓰는 텍스트-
이야기는 실은 이것이 전부일지도 모른다. 내가 기다리는
사람이란 사실을 잊은 적이 없다. 그런데도 소연 선배가
이 책의 원고에는 온통 기다리는 이야기뿐이라고
말해주었을 때 놀랐다. 잊지 않을 뿐 아니라 드러내기도
하는구나 싶었다. 기다림을 참을 수 없어서 견딜 수
없어서 사진을 찍고 또 이야기를 적는 게 아니라
기다리고 싶어서 기다리는 것을 알려주려고 찍고 또 적을
수도 있겠다. 나는 커피가 한 방울도 남지 않은 커피잔을
들었다 내려놓으며, 정말 그렇네요. 수긍할 수밖에
없었다. 수긍하고 나니 조금은 후련해지기도 했다.
서둘러 감출 필요가 내겐 없었다. 고스란히 내비쳐보자.
달라질 것은 없더라도. 그러면서, 텍스트를 이끄는 나의
이야기가 기다리는, 그것이 무엇인지 되짚어보는 것이다.

    이 책의 시작은 단독 단행본이었고 어느 정도, 라고

말하기엔 지나치게 많은 시간이 흐른 뒤에는 친애하고 존경하는 친구 시인 오은과의 공동 작품집으로 방향이 바뀌었다. 오은이 먼저 자신의 몫을 마쳤다. 늦은 저녁 혼자 운동장에 남은 아이처럼 고집스레 백지를 붙들고 있다가 간신히 내 몫을 써냈을 때에는 또 한참의 시간이 흐른 뒤였다. 그동안 출판사는 새로운 계획을 내밀었다. 각자의 단행본으로 하고, 글의 일부를 독자의 필사 몫으로 제공하자는 것이었다. 솔깃했던 까닭은 나의 이야기가 당신의 이야기로 넘어가는 과정, 공감이나 공명이라 해도 좋고 수용이나 이해라고 해도 다름없을 어떤 사건이 또 다른 이야기로 태어날 수도 있겠다 싶어서였다. 곧장 나는 누군가의 손을 떠올렸다. 텍스트가 아닌 이야기를 적고 있는 손이다. 정지된 세계를 재현하는 그리하여 이야기를 만들어가고 있는 손이다.

  필사 부분의 손글씨는 내 어머니의 것이다. 처음

어머니의 글씨를 담아보자는 제안을 받았을 때는
반신반의했다. 일단 견본을 받아보고 결정하고 싶었다.
어머니에게 무엇이든 글씨 사진을 보내주세요, 했더니
성경 필사 노트의 일부를 보내오셨다. 그것을 본 순간
푹 찔린 듯싶었다. 마망maman의 온실 사진을 마주한
바르트처럼 나는 글씨에서 '어머니 권미진'이라는
존재의 온전한 전부를 되찾은 기분을 느꼈다. 나는 이
글씨를 가계부에서 보았다. 성적표에서 보았다. 때론
냉장고에 붙어 있었다. 전화번호부에 적혀 있었다.
책 뒤 면지에서 어김없이 발견되었다. 나는 '광화문
교보'나 '을지서적'이나 '종로서적' 하는 글자들을
발견하는 게 좋아서 책을 읽었다. 어머니의 글씨에서,
하염없는, 오롯하게 내 것인, 어머니가 물려준 이야기를
읽고 들었다. 그것은 손에도 귀에도 달라붙어 나를
어지럽혔다. 이 모든 것이 흐름 속에 있었다. 여울을
살피며 너울을 보고 산산한 볕뉘를 살피며 어느 시점에는
찾아올 한 이야기의 맺음을 상상했다. 이를 감히

황홀하면서도 지극히 슬프다고 해도 괜찮겠지. 누구와도 나눌 수 없는 온전히 나의 것이므로. 온실 사진을 독자들에게 공개하지 않은 바르트의 결정은 어쩌면 마땅한 일일지도 모른다. 하지만 나는 어머니의 글씨를 공유하기로 한다. 이렇게라도 오래 간직하고 싶다는, 이기심에서 내린 결정이다.

    내가 이끌린 내가 이끌고 온 텍스트-이야기들을 읽어주면 감사하겠다. 산문만큼은, 항상 그런 바람으로 적어왔다. 여기 당신의 시간을, 특히 정지선 쪽으로 나아가려는 일부를 허락해주기를 바란다. 하나의 이야기가 공통의 이야기가 될 때, 더는 내 것만이 아니게 될 때, 쓰는 기쁨은 온다. 내가 하염없이 기다리는 사람이라면 아마 이런 이유일 것이다. 그러니 꼭 와. 천천히 와. 우리의 이야기로.

2025년 여름

유희경

마음의 문

 꼭 갖고 싶은 게 있다면 서점의 문. 나는 거기 시를 붙여놓을 테다. 매일 아침 매번 다른 시를 붙여놓을 거다. 그날 기분에 맞게 종이 한 장에 더러는 타이핑으로 내키면 손으로 적어서 딱 한 장만 붙이겠다. 날이 맑으면 비가 내리는 시가, 비가 오면 쨍쨍한 날의 시가 좋겠다. 여름에는 겨울 시를 가을에는 꽃비 쏟아지는 시를 붙여놓고서 누가 읽든 말든 신경을 쓰지 않겠다. 시인

이름과 시집 제목은 적지 않을 거다. 와서 물어보게 하고 싶다. 누가 묻거든 나는 책장으로 가서 그 시집을 꺼내 오겠다. 그에게 건네주겠다. 그 시집이 그의 마음에 들었으면 기쁘겠다. 그가 그 시집을 사려 할 때에는 흔쾌히 깎아주리라. 내가 마련한 문으로 마땅히 들어온 당신이 기쁜 마음으로 문을 나설 수 있게 하리라.

  하지만 나의 서점에는 문이 없다. 다른 가게 2층에 세들어 있기 때문이다. 문이 없다니. 집 현관문을 열 때 생각했다. 문을 닫을 때에는 그래도 닫을 문도 없지 않은가 안심했다. 문이란 그런 것이다. 들 때와 날 때뿐 아니라 드나들 때에도 무언가를 생각하게 하지. 잊은 게 없나 생각하기도 하고 오늘 잘 갖춰 입었나 생각하기도 한다. 누군가의 얼굴을 떠올리게도 하고 그와의 약속을 기억나게도 한다. 버스에 오를 때 기압 빼는 소리와 함께 열리는 문을 지나칠 때에는 언제 술 한잔하자는 빈 약속을 떠올리곤 무색해졌다. 내릴 때엔 벨을 누르면서, 신호를 주고받는 관계에 대해 유심해보기도 했다.

사람에게도 벨 같은 게 있었으면 좋겠다가, 사람에게는 벨 같은 게 없어 얼마나 다행인가 하면서 나는, 내가 하루 동안 몇 개의 문을 대체 몇 번이나 통과하는지 한번 세어보질 않았다고 한심해지기도 했었다. 그러나 그런 것을 셀 수 없겠지. 문의 규범이 어디 적혀 있을 리 없고 나는 닳도록 들락거린다.

   문에는 턱이 있지. 그러니 닳겠지. 문턱은 문을 위함이기도 하거니와 문에 대한 조심을 타이르는 것이기도 하다. 머리를 낮추고 걸음을 늦추는 조심이란 일종의 통과의례가 되겠다. 그런 일은 안팎을 나누는 경계라서 문을 의식하는 일이며 문에 대한 의식은 여러모로 중요한 일이 아닐 수 없다. 나는 통로를 떠올린다. 거기서는 무얼 어째도 좋다. 문앞에 서면 그때에는 가짐을 바로 하는 것이 좋다. 이제 정중하게 노크를 해야 한다. 안에서 기척이 들린다. 마음이 두근거린다. 밖이 안이 되고 안은 밖을 의식한다. 내게는, 그런 게 삶이다.

그러고 보면 도처가 문이다. 안녕하세요 하는 인사는
여는 문이고 안녕히 계세요 하는 것은 닫는 문이다.
어서 오세요, 안녕히 가세요 하는 맞음과 배웅은
문이다. 아침 습관처럼 '열어보는' 메일함에도 문이 달려
있고, 인터넷 검색창도 문이 있는 것만 같다. 뜨거운
커피를 마시는 입도 문이라면 문이다. 무엇이든 열리면
닫히기 마련이다. 열리거나 닫히지 않는 무엇도 곰곰이
바라보다 노크하고 싶은 마음이 들면 문이 된다. 그런
생각은 어쩐지 용기가 된다. 들어서거나 나설 때, 앞에서
주저할 때 그러나 저것은 문이 아닌가, 가정하면 하여간
무엇이든 되지 않겠나 하는 마음이 들기 마련이니까.
읽을 때도 쓸 때도, 그저 막막할 때도 이제 문을
생각해보리라 다짐해보는데, 대개 그렇듯 뜻대로 되는
일이 얼마나 되겠나. 깜깜한 데를 더듬거리며 손잡이를
찾는 일에는 용기가 필요하고 결국 용기란 되기도 하고
필요하기도 하니 마음에 달려 있다.

    마침내 마음의 문 앞에 선다. 오늘 나는 이리로

몇 번이나 드나들 것인가. 아침의 일이 시작되려는 모양이다.

내가 마련한 문으로 마땅히 들어온 당신이
기쁜 마음으로 문을 나설 수 있게 하리라.

깜깜한 데를 더듬거리며 손잡이를 찾는 일에는
용기가 필요하고 결국 용기란 되기도 하고
필요하기도 하니 마음에 달려 있다.

무엇이든 열리면 닫히기 마련이다.
열리거나 닫히지 않는 무엇도 곰곰이 바라보다
노크하고 싶은 마음이 들면 문이 된다.
그런 생각은 어쩐지 용기가 된다.
들어서거나 나설 때, 앞에서 주저할 때
그러나 저것은 문이 아닌가,
가정하면 하여간 무엇이든 되지 않겠나 하는
마음이 들기 마련이니까.

기다림의 순간들

나는 기다린다. 약속이 되어 있다는 듯. 그런 기분이
들면 꼼짝할 수 없다. 시계탑 아래서 초조한 사람처럼.
잠시 자리를 비웠다가는 어긋나버릴까 걱정하며
옴짝달싹 못 하는 사람처럼. 마음의 각도가 아슬해지고
애틋해지면, 가장 가까운 창문으로 가보는 것이
상책이다. 창밖 거리는 여전히 떨어지고 있는 낙엽과
점점 두터워지는 옷차림 사이, 비어 있다. 지난 계절과 달라진 것은 하나도 없는데. 이것이야말로 겨울이 아닌가. 겨울은 있던 것이 사라져가는 사건이 아닌가. 그러면서 창밖 비어가는 겨울에 나의 기다림을 나란히 놓고 닮은 점을 찾고 있다.

    이를테면 정류장의 빈 의자. 저것은 버스와 승객들을 기다리고 있다. 하나둘 사람들이 모여들고 서성이고 얼마 지나지 않아 버스가 도착하고 나면 잠시 가득해졌다가, 도로 빈 의자가 된다. 반복되는 기다림이 안쓰럽기도 하건만 나는 의자를 동정하지 않는다. 기다림이 의자의 직업임을 알게 되었으므로. 늦도록 일한 어느 깜깜한 겨울밤을 기억한다. 한껏 지쳐 있던 나는 잠시 쉬어볼까 바로 저 의자에 앉았다가, 그와 같은 무심함이 의자의 입장에선 꽤나 성가시고 귀찮을 수 있겠다는 생각에 닿았다. 의자는 의자이고 가만히 놓여 있고 그뿐이지만, 그 긴긴 밤에는 의자 또한 깊이 잠든다는 사실을 무섭도록 차가운 의자의 표면으로부터 느꼈던 것이다. 착각이래도 어떤가. 기다림만큼 에너지가 드는 일을 나는 달리 알지 못한다. 그것이 나의 직업이니까.

   나는 작은 서점을 운영하고 있다. 나의 서점에는 오직 시집만이 꽂혀 있다. 그래서 얻은 타이틀이 시집 서점이다. 은근한 짐작과 적잖은 우려보다는 많은 사랑을 받고 있지만, 대체로는 사람들의 예상만큼이나 적적한 소외 속에 있는 것이 시집이다. 어느 순간엔 놀랄 만큼 북적거리다가도, 일순 고요해지고 마는 서점에서 나는 늘 기다린다. 누군가 찾아오기를. 찾아온 그가 한 권 시집을 골라 집어내기를. 그것을 내 앞으로 가지고 와 말을 걸어주기를 바란다. 나는 준비가 되어 있다. 그 시집이 바로 당신의 시집이라고 말해줄 것이다. 받아 든 바로 그 시집을 사각 종이봉투에 흔쾌히 담아 건넬 것이다. 당신의 등이 보이지 않게 될 때까지 배웅하는 마음으로 서 있을 것이다. 한편으로 그런 나의 기다림을 방해받지 않고 싶은 마음이 되기도 한다. 마치 한밤 정류장의 의자처럼 기다림에서 놓여나 쉬고 싶은 것이다. 당장 의자를 박차고 일어서서 서점의 문을 열고 나가고 싶은 마음을 지그시 눌러 견디고 있다는 것을 사람들은 아마 모를 것이다.

    답답한 심정으로 창문을 연다. 차가운 바람이 들어 잠시 시원하고 이내 차가워진다. 변덕 많은 사람처럼 이내 창문을 닫는다. 그 잠깐 사이, 유독 비어 있는 하늘을 보았다. 나는 내가 손님을 기다리는 것이 아닐지도 모른다고 생각했다. 어쩌면 눈을, 이 겨울의 첫눈을 바라고 있는 것은 아니려나. 그러면 첫눈은 참 좋겠다. 부러워진다. 다들 기다리니까. 전부는 아닐지라도. 어둡고 어두워지다가 마침내 첫눈, 분분하게 내리기 시작하면 다들 말을 잊고 공중을 쳐다보겠지. 어떤 상념에 사로잡혀서. 그 상념의 주인이 사람이라면 전화기를 꺼내 들 것이며, 돌이킬 수 없는 한 시절이라면 글썽이거나 슬쩍 웃게 되리라. 그러니 첫눈, 그것은 아름다운 것이다. 순정한 기다림의 대상으로 마땅하다. 자꾸 창문 쪽을 기웃대거나 집중하지 못하고 엉덩이를 들썩이거나 혹은 커피잔을 씻다가도 쉬이 떨칠 수 없는 기대감이 첫눈이라면 그럼직하다 할 것이다. 알고 있다. 오늘은 눈이 내리지 않을 것이다. 예보도 없었거니와, 이처럼 화창해서는 가망이 없다. 하지만 기다림에 예정이라든가, 조건이라든가 그런 것은 아무래도 좋다. 그러므로 나는 빈 거리 위를 덮은, 가로수의 마른 가지나 주인 잃고 오래도록 서 있는 자전거의 낡은 안장 위라든가 어떤 부주의가 흘려버린 과자 봉지처럼 비어 있게 된 것들을 하얗게 채우는, 아니 온전히 빈 것으로 만드는 풍경을 보고 있는 것만 같다.

   그것만으로 충분하지 않지. 나는 나의 아쉬움을 되짚어본다. 겨울, 눈 그리고. 잠시 눈을 감아보면 오색 불빛과 흥겨움 그리고 설렘. 그래. 이 적막하기만 한 계절을 즐겁고 즐겁게 만드는 하루. 성탄절이 있구나. 성탄절. 그것이야말로 기다리기에 마땅한 겨울의 면모. 나는 아주 오래전 먼 나라 마구간에서 태어났다는 아기 예수의 생일을 나의 생일보다 더 기다렸다. 그것이 선물 때문이었는가, 하면 아니라 할 수 없겠지. 그러나 그것이

전부는 아니었다.

　나는 다시 창을 연다. 콧속 얼얼하게 만드는 찬 기운. 그래 이거였다. 나는 성탄절 전후의 공기를 좋아했다. 그것은 냄새이기도 하고 기분이기도 했다. 잔뜩 웅크린 사람들에게 일말의 기대, 그래도 좋을 것이라는 맹목적인 기대를 갖게 만드는 그즈음의 공기는 반짝반짝한 것. 그리하여 느리게 와 서둘러 사라지는 겨울 한낮도 움직일 줄 모르는 시커먼 겨울치 한밤도 흥겨움과 정겨움으로 가득 채웠다. 만져질 듯 선하다. 아버지의 사무실이 있었던 명동. 동생과 함께 어머니의 손을 붙들고 찾아간 그곳은 정장을 입었거나 뾰족구두를 신은 멋쟁이들로 가득한 12월 상가 거리. 가게마다 알록달록한 장식들 내걸고 캐럴이 울리는 그 거리에 불행이 틈입할 여지는 적었다. 그것이 일시적 눈속임일지라도, 누군가는 상술이라 꼬집기도 하지만, 그럼 좀 어때. 1년 중 고작 며칠. 백화점 쇼윈도 너머 호두과자가 만들어지는 마법의 과정을 지켜보면서 맡았던, 그 고소한 냄새를 지금껏 잊지 못한다. 따뜻함이란 그런 거였다. 요란한 잔치가 끝나고 난 다음 날의 아늑함은 또 어떤가. 이상하리만치 반짝 눈뜨게 되는 끼끗한 겨울 아침. 베개 맡에 놓인 산타클로스의 선물을 발견하고 기뻐하게 되는, 그 시절은 이제 돌아오지 않을 텐데. 그러나 기어코 기다린다. 어리석은 일인 줄 알면서.

   누가 부른다. 돌아보니 손님이 시집을 들고 있다. 서둘러 창문을 닫으면서, 나는 웃는다. 잠시 잠깐이나마, 기다림의 대상이 되었구나. 그가 나를 기다리는 사이, 나는 한겨울, 내 기다림의 깊은 곳까지 다녀왔구나 하는 자각으로. 남은 감흥을 채 털어내지 못하고 참으로 기다림에 어울리는 계절이네요. 건넨 밑도 끝도 없는 나의 말에 손님은 갸우뚱하는 표정을 지으며 말한다. 그러게요. 어서 봄이 왔으면 좋겠네요. 이제 겨울 시작인데 말예요. 한다. 그리하여 나는 또 나와 아주 다른 기다림은 참으로 환하고 눈부시구나. 다시 조그맣게 웃어버렸다.

이상하리만치 반짝 눈뜨게 되는 깨끗한 겨울 아침
베개 맡에 놓인 산타클로스의 선물을 발견하고
기뻐하게 되는, 그 시절은 이제 돌아오지 않을 텐데.
그러나 기어코 기다린다.
어리석은 일인 줄 알면서.

나는 기다린다. 약속이 되어 있다는 듯.
그런 기분이 들면 꼼짝할 수 없다.
시계탑 아래서 초조한 사람처럼.
잠시 자리를 비웠다가는 어긋나버릴까 걱정하며
옴짝달싹 못 하는 사람처럼.
마음의 각도가 아슬해지고 애틋해지면,
가장 가까운 창문으로 가보는 것이 상책이다.

딴생각

 '딴생각'은 한 단어로, 사전에 등재되어 있다.
'딴생각'은 '다른 생각'의 준말처럼 보이지만, "미리
정해진 것에 어긋나는 생각"이며 "주의를 기울이지
않고 다른 데로 쓰는 생각"이다. 그러므로 다르다.
'다른 생각'은 견주어놓을 만한 생각이지만 '딴생각'은
맞대어볼 마음이 아예 없다. '다른 생각'은 의젓하고
차분히 말하지만 '딴생각'은 삐뚜름하고 영 이상한

소리이다. 그래서 나는 '딴생각'이 좋다. '딴생각'이 아닌 생각에는 그리 마음을 주지 않는다. 아니다. 전후가 뒤바뀌었을 수도 있다. 그러니까, 나는 '딴생각'이 아닌 '다른 생각'은 잘 모르고 그러니 '딴생각'만 좋을 뿐이다.

그렇다고 권할 만한 건 아니다. 무엇보다, '딴생각'은 위험하다. '딴생각'은 발을 헛딛게 하고 물건을 잃어버리게 하며 다른 길로 접어들게 만든다. 며칠 전 나는 딴생각을 하며 걷다가 가로등에 부딪혔다. 운이 좋았다. 코가 깨지고 이가 부러지고 아끼는 안경이 망가져도 이상할 일이 아니었다. 이처럼 나는 딴생각 중에 몸을 다치고 큼지막한 멍 자국을 얻는다. 그러는 와중에 카메라를 펜을 우산을 잃어버린다. 일정을 혼동하고 두루두루 사과를 해야 한다. 그럼에도 딴생각은 그치질 않는다. 딴생각은 나의 자의가 아니다. 나에게 딴생각은 신체 기관 중 하나에 가깝다. 딴생각은 있고 딴생각은 배제되지 않는다.

아니, 딴생각은 하나의 세계를 이루고 있지 않은가.

딴생각 세계만의 시간, 거리, 중력이 나를 사로잡는다. 딴생각 세계는 나를 단숨에 빨아들인다. 대화 중에 회의 중에 사랑을 나눌 때에도 순식간 나는 딴생각 세계에 있다. 이따금 나는 딴생각 세계의 입장 방법과 방식에 대해 궁금하다. 궁금하다고 알 수 있는 건 아니다. 딴생각 세계에는 맥락이 없으니까. 그리하여 나는 어쩔 수 없다. 대화 중에 회의 중에 사랑을 나눌 때에도 딴생각 세계에서 종횡무진 딴생각을 한다. 물론 딴생각 세계에는 오래 머물 수 없다. 나는 대화 중이고 회의 중이고 사랑을 나누는 중이므로. 그런 일에는 상대가 있으므로. 나와 상대는 현실 세계를 이루므로 서둘러 '이리'로 돌아와야 한다. 놓쳐버린 흐름을 눈치껏 되찾으며 열심히 집중했던 척해야 한다. 되도록 엉뚱한 소리를 하지 않으려 고개를 주억거리며 코를 만지고 헛기침을 하면서. 만약 당신 앞에서 내가 고개를 주억거리며 코를 만지고 헛기침을 한다면 그건.

   하지만 나는 딴생각을 미워할 수 없다. 우리는 너무

오래되었다. 너무 많이 주고받았다. 나는 딴생각으로 희곡을 쓰고 시를 쓴다. 서점을 열었고 여전히 이러저러한 일들을 기획하고 있다. 아니 그전부터. 아주 오래전 초등학교 생활기록부에도 딴생각 흔적이 역력하다. 1학년부터 6학년까지 도합 열두 번의 학기, 나에 대한 담임선생님의 평가에 빠짐없이 기록되는 단어는 '주의산만'이다. 착하고 친절하지만 주의산만. 명랑하고 씩씩하지만 주의산만. 어머니는 주의산만이라는 단어에 노이로제에 걸릴 지경이 되었다. 도대체 왜 집중을 못하느냐고, 왜 딴생각을 하느냐고 꾸중하셨다. 그제야 나는 주의산만과 딴생각이 같은 뜻이라는 사실을 알았다. 주의산만과 딴생각. 둘을 놓고 맹렬히 생각하는 동안 어머니가 외쳤다. 또! 또!

   손님도 없는 서점에 온종일 앉아 10년을 보내도, 20년을 보낸다 해도 딴생각과 함께라면 아무런 괴로움도 없다. 내가 혼자 있기를 즐기는 이유도, 여행을 꺼리고 익숙한 길로 오가는 일에 만족하는 까닭도 딴생각

탓이라고 생각해본다. 잘 아는 곳에 있기만 하다면
되도록 물건을 잃어버리지 않으며, 잃어버린다 해도
되찾을 수 있다. 가로등에 부딪힐 일 따위는 거의 없이
안전하다. 이제 와 나는 내가 왜 딴생각을 하게 되는지,
딴생각이 불러오는 온갖 부침에도 어째서 이를 개선해볼
마음이 없는지 고민하지 않는다. 이제는 제법 어른이
되어, 생활기록부를 받을 일도 없고, 딴생각을 들켜 혼날
일도 없다. 오늘은 아침부터 하염없이 딴생각 중이다.
서점 밖에 비가 오기 때문이다. 비가 오는 날엔 서점을
찾는 사람이 없다. 책이 종이로 만들어졌기 때문이다.
인쇄 글자들은 비에 젖지 않는다. 서로 들러붙기는 하지.
아아 그런 것도 사랑. 투명하지도 않으면서 투명해지려고
하는 사랑. 나는 이런 딴생각이나 하면서 제법 즐겁다.

비가 오는 날엔 서점을 찾는 사람이 없다.

책이 종이로 만들어졌기 때문이다.

인쇄 글자들은 비에 젖지 않는다.

서로 들러붙기는 하지.

아아 그런 것도 사랑.

투명하지도 않으면서 투명해지려고 하는 사랑.

나는 이런 딴생각이나 하면서 제법 즐겁다.

당신을 기다리고, 당신은 오지 않고

오전 내내 답장을 썼다. 답장을 보냈는데도 여태 답장을 쓰고 있는 기분이다. 답장은 결코 마무리되지 않는다. 할 말은 끝없이 남아 있고 표현은 언제나 정확하지 않아서 나는 답장을 두고 매번 좌절한다. 할 수만 있다면 나는 모든 답장을 미루고 싶다. 유예하고 유예하면서 가장 완벽한 답장을 쓰고 싶다. 안부는 진심이며 용건은 분명하고 하지 않아도 되는 말은 말끔히 지운 답장. 나는 당신에게 그런 사람이 되고 싶다.

    맞다. 답장은 나에게 있어 당신과 다른 말이 아니다. 답장을 해야 하는 순간이 되면 나는 당신을 소환하려 한다. 내 앞에 당신이 나타날 때까지 기다린다. 당신 아는지 답장의 장狀. 문서라는 의미지만 그 뒤에는 나타나다라는 뜻이 숨어 있다. 모양狀이 나타날狀 때까지 기다리는 일이 답장의 본질이다.

    당신은 쉽게 오지 않는다. 때로 당신은 오지 않기도 한다. 시간은 가고 당신을 기다리고 당신은 오지 않는 착란의 상태에 빠져 메일을 적기 시작할 때 나는 쓰는 문장보다 지우는 문장이 많다. 안녕하세요, 하면 당신은 안녕하지 않고, 날이 좋아요, 하면 당신은 그렇게 생각하지 않을지도 모른다. 당신이 나타나지 않으면 엉망이 되어버리는 답장. 오래 기다려, 찾아온 당신을 앞에 두고서도 나의 답장은 정확해지지 않는다. 꺼내는 문장보다 삼키는 문장이 많아질 때 답장은 표류한다. 떠내려가는 답장을 보는 심정을 아마 당신도 알 것이다.

당신도 누군가에게 답장을 해본 적이 있겠지.

답장이 어려운 것은 당신이 어렵기 때문이다. 고백하자면, 나는 모든 당신이 어렵다. 당신의 마음을 모르기 때문이다. 모든 당신은 마음을 허락하지 않는다. 허락하지 않는 마음을 헤아려 답장을 쓰기, 그 어려운 일을 하는 이유는 당신 마음에 '들고' 싶어서겠지. 나의 글이. 나의 마음이.

맞대응이며 합당과 합치를 꾀하므로 그러니 답答이 되리라, 생각하고 있다. 끝없는 백지 앞에서 당신이 오기를 기다리면서 오지 않는다 해도 어떻게든 써야 하는 미래의 문장을 앞에 두고 나는 온전히 순해지지 않는다. 욕심이 불러오는 막막함 앞에서 의연해질 수 있는 사람이 있을까. 적어도 나는 아니다. 나는 어서 근사한 당신의 자리로 되돌아가고 싶다. 부르기보다 불리워지기를 바란다. 부름에 응답할 수 있는 이가 되기를 바란다.

그리하여 오늘 날씨는 다시 좋다가 지워지고 신선한 바람의 날이 되었다가 지워지고 다시 신선한 바람의 날로

정정된다. 어젯밤 당신의 안부를 확인하고 나의 안부를
확인해주고 그리고 다시 지워진다. 할 말은 언제나 많고
동시에 아예 없어서 이쯤 되면 내가 당신이 나타나기를
기다리는 것인지 실은 바라지 않는 것인지 알 수 없게
되고 만다. 그러나 답장은 쓰이고 말 것이다. 세계는
부름과 대답으로 이루어져 있다고 믿는다.

   그러므로, 답장은 믿음이기도 하다. 당신이 나타났든
그렇지 않든 내가 당신을 불러보았고 당신을 기다렸으며
채워진 글자보다 많게 지워가며 마음에 들고 싶어 했다는
믿음. 마침내 적힌 문장들이 보잘것없고 가난하더라도
내가 백지를 이겨내고 유예하고 유예하려는 불안을
버텨내고 기어코 발신 버튼을 누를 수 있는 데에는 이와
같은 믿음이 있다. 그걸 당신이 알아주었으면 좋겠다.
당신이 다시 답장을 주었으면 좋겠다. 하는 바람도.
마음이 마음을 허락하는 일은 없겠지만 우리는 충분히
노력했다는 마땅함도 함께 기대한다.

   오전 내내 답장을 썼다. 답장을 보냈는데도 아직

답장을 쓰고 있는 기분이다. 나의 문장은 지금도 지워지고 있다. 지워지고 또 지워지고 있다. 내가 보고 있는 모니터 속 당신은 어쩐지 나를 닮았고 암만 살펴봐도 당신은 나를 닮았고 어쩐지 내가 아닌가 싶고, 그런 중에도 적고 있는 답장. 나는 이 답장이 누구에게 가는지 잊은 것은 아닌가 의심했다.

당신은 쉽게 오지 않는다.
때로 당신은 오지 않기도 한다.
시간은 가고 당신을 기다리고 당신은 오지 않는
착란의 상태에 빠져 메일을 적기 시작할 때
나는 쓰는 문장보다 지우는 문장이 많다.

오전 내내 답장을 썼다. 답장을 보냈는데도
여태 답장을 쓰고 있는 기분이다. 답장은 결코
마무리되지 않는다. 할 말은 끝없이 남아 있고
표현은 언제나 정확하지 않아서 나는 답장을 두고
매번 좌절한다. 할 수만 있다면 나는 모든 답장을
미루고 싶다. 유예하고 유예하면서 가장 완벽한
답장을 쓰고 싶다. 안부는 진심이며 용건은 분명하고
하지 않아도 되는 말은 말끔히 지운 답장.
나는 당신에게 그런 사람이 되고 싶다.

답장은 믿음이기도 하다.
당신이 나타났든 그렇지 않든 내가 당신을
불러보았고 당신을 기다렸으며 채워진 글자보다
많게 지워가며 마음에 들고 싶어 했다는 믿음.
마침내 적힌 문장들이 보잘것없고 가난하더라도
내가 백지를 이겨내고 유예하고 유예하려는
불안을 버텨내고 기어코 발신 버튼을 누를 수
있는 데에는 이와 같은 믿음이 있다.
그걸 당신이 알아주었으면 좋겠다.

마음이 되어가는 일

한 30분쯤, 어쩌면 한 시간 가까이 되었는지 모른다. 이쪽에서 저쪽으로 다시 이쪽으로 책장 사이를 부지런히 오가며 시집을 살피는 손님. 하던 일에서 손을 떼고 그의 뒷모습을 유심히 본다. 무엇을 찾는 중일까. 요즘 보기 어려운 타입의 손님이다. 대개 사람들은 찾고 있는 책을 정해 서점에 찾아온다. 서둘러 계산하고 냉큼 떠난다. 서점을 운영하는 입장에선 여간 아쉬운 게 아니다.

되도록 서점에 오래 머물러주었으면 좋겠다. 공들여 읽을 책을 '발견'하여주길 바란다. 똑같이 한 권 책을 파는 일이더라도, 그편이 독자와 서점, 나아가 독서 문화에 도움이 되는 일이라 믿고 있다. 얼마나 지났을까 마침내 계산대로 다가온 독자는 빈손이다. 잠시 망설이더니 "제가 시를 잘 몰라서요" 하고 입을 뗀다. 그는 마땅한 시집을 찾고 있다. 곧 퇴사를 하는 동료에게 선물하고 싶다 한다. 아 그런 마음이었구나. "진작 물어보지 그러셨어요." 그는 배시시 웃는다. "제 힘으로 찾아 선물하고 싶었거든요." 잘 안다 그런 마음. 그런데, 왜 시집이었을까. 궁금하지만 묻지 않기로 한다. 시집으로 마음을 정했고 제법 긴 시간을 들였으니 이 안에서 찾아내었으면 좋겠다. 그래서 제안한다. "그렇다면 제가 골라드릴 수는 없는 일이고, 대신 직접 고르실 수 있게 도울게요." 마침내, 손님의 얼굴이 환해진다.

선물. 선물하기. 가볍게 생각하면 한없이 쉽고,

진지하면 더없이 어려운 일. 때로는 과제. 좋은 선물에는
건네는 사람의 인품과 취향, 나아가 세계관이 담겨
있다. 귀함이나 값어치와 별개로 섬세하게 고려된
선물을 받으면 감탄을 하게 된다. 뿐만 아니라 선물에는
건네받는 이에 대한 평소 생각, 그에 대한 이해의 의미가
담겨 있다. 어떤 선물은 감동을 자아내고 진심 어린
기쁨을 준다. 정작 나는 선물하는 일에 한없이 서툴다.
선물을 해야 할 상황에 '처하면' 어쩔 줄 모른다. 대체
무얼 어디서 어떻게 구매해야 하는지 머릿속이 하얘지는
까닭이다. 귀찮고 어려워 차일피일 미루고, 결국 때를
놓치는 경우도 허다하다. 선물을 '잘'하는 사람을 보면
부럽다. 그의 넉넉하고 너그러운 마음이 부럽고, 확고한
취향과 그 취향에 대한 자부심이 부럽다. 무엇보다
단호한 결단력. 이것이 아니고서는 안 된다라는 확신은
대체 어떻게 만들어질 수 있단 말인가. 올해 생일 선물로
받은 샤프 한 자루에는 그 모든 게 담겨 있었다. 나무로
된 몸통을 가진 샤프였는데, 몸통의 색과 결이 하나같이

다른 모양이라고, 건네는 사람이 알려주었다. 가장 마음에 드는 것을 찾아 꽤 많은 가게를 방문해 하나하나 열어보았다는 정성도 정성이지만, 과연 이 샤프가 나에게 걸맞기는 한 것인가 싶을 만큼 우아하고 아름다워서 당시 나는 감사 인사마저 잊고 말았다. 그 샤프는 지금도 내 필통에 담겨 있으며 특별한 경우를 제외하고는 감히 꺼내지도 못한다. 값어치 때문이 아니다. 그 샤프를 고르는 동안 그가 담았을 마음과 의도가 닳거나 혹여 분실될까 두려운 것이다.

   그런 시집이 되었으면 좋겠다. 시집이야 거의 균일가이며, 실은 어디서나 구할 수 있는 어떤 의미에서 공산품에 가깝지만, 선물 받은 이에게는 시집 중 단 한 권이 되기를 바란다. 나와 손님은 선물 받을 그에 대해 이러저런 이야기를 나눈다. 그의 성별, 특징, 취향 등 결례를 범하지 않는 범위에서 나는 질문하고 손님은 답을 하면서 우리는 공통의 답을 찾기 위해 공을 들여 한 권 한 권 시집을 꺼내 펼쳐놓는다. 열 권쯤 되는 시집을 내려놓고 하나하나 설명을 한다. 이 시집은 조용합니다. 이 시집은 슬픈 시가 많이 담겨 있지요. 이 시집의 시인은 외국에 살고 있습니다. 이 시집은. 손님은 가만히 듣고 그중 다섯 권의 시집을 추려낸다. "좋아요. 다 좋은 시집이에요. 이 다섯 권을 모두 선물해도 좋겠지만", 나는 잠시 뜸을 들이다 손님에게 제안한다. "이 중에서 단 한 권을 찾아내신다면 더 좋을 것 같아요." 손님은 이제 책장과 책장 대신 시집과 시집을 오간다. 나는 얌전히 기다린다.

그동안 나는 선물에 대한 마구잡이식의 상념에 빠져든다. 어릴 적 생일 선물하면 무조건 연필 한 다스였어. 그런데 왜 열두 자루여야 했을까. 생일 때마다 연필 부자가 되어 얼른 새 연필을 쓰고 싶었었는데. 책 선물이라면, 좋아하던 아이에게 선물했던《갈매기의 꿈》이 생각난다. 정작 나는 읽지도 않았었는데. 그때 그

책을 추천해주었던 '장미서림' 할머니는 돌아가셨겠지.
장미꽃 백 송이에서 명품 레인코트에 이르기까지,
뒤죽박죽 내가 건넸고 더러 받았던 수많은 선물을
떠올려본다. 열거할 수도 없을 만큼 많다. 그만큼의
선의와 기쁨들. 축하받을 일, 축하할 일을 거쳐 지금
여기에 다다랐다는 생각. 어쩌면 인생이란, 삶이란
숱한 사람과 주고받은 선물과 거기 담긴 추억으로
이어지는지도 모르겠다는 생각. 그러다 문득 친구에게
선물할 일이 있다는 사실을 깨닫는다. 새까맣게 잊고
있었다. 어떤 게 좋을까. 그는 채식주의자이고, 환경
문제에 관심이 많다. 그는 예민한 사람이고 깔끔하고
단정한 것을 좋아한다. 나는 그를 볼 때마다 사기 그릇을
떠올린다. 때론 구슬을, 은촛대를, 한 쌍 양말을 생각한다.
이런저런 생각에 빠져 있다 문득, 지금 내가 선물을
고르고 있으며, 심지어 이 일을 즐거워하고 있다는
사실을 깨닫는다. 바로 애정의 크기 덕분이다. 내가 그를
기쁘게 생각함에 있어 망설임이 없는 까닭이다. 모두

마음이다. 샤프도 연필 한 다스도 소설 한 권이나 장미꽃 백 송이도 마음이다. 마음이어서 어렵고 마음이어서 고민이 되고 마음이어서 근사한 게 선물이로구나. 이리저리 뒤적여가며 시집을 읽고 있는 손님을 본다. 한 사람이 전력을 다해 마음이 되어가고 있다. 고작 만 원 남짓한 한 권 시집에 전심을 담으려고 애를 쓰고 있다.

   마침내 손님은 시집을 들고 온다. 나도 퍽 아끼는 시집이다. 물론 그 시집의 제목은 비밀이다. 이 비밀은 주고받는 사람들의 것이며 거기 내 몫도 조금 있다.
"죄송하지만, 한 가지 참견을 해도 괜찮을까요. 시집의 맨 뒷장에 한 줄 메모를 적어주시면 좋아요. 건네는 날짜와 건네는 사람의 이름 정도면 좋겠지요." 이는 나의 어머니가 즐겨 사용하는 방식이다. 어머니의 책에서 맨 뒷장을 먼저 펼쳐 보는 일은 내 오랜 습관 중 하나다. 거기에는 어머니의 서명과 날짜, 책을 구매한 서점의 이름이 적혀 있었다. 내가 모르는 어머니의 시간이 거기 있었다. 그것을 보는 것만으로 그 시간 속에 함께하는 기분이 들곤 했었다. 그런 흔적이 선물이 될 시집에 남아 있으면 근사하겠다 싶었다. 손님은 기쁘게 받아들인다. 함께 고민해주어 고맙다는 인사를 잊지 않고 그는 서점을 나선다. 창문의 저쪽으로 걸어가는 그의 모습을 오래 본다. 시집 말미에 적히게 될 시간을 나 역시 오래 기억하게 되지 않을까 싶어졌다.

뒤죽박죽 내가 건넸고 더러 받았던
수많은 선물을 떠올려본다.
열거할 수도 없을 만큼 많다.
그만큼의 선의와 기쁨들.
축하받을 일, 축하할 일을 거쳐
지금 여기에 다다랐다는 생각.
어쩌면 인생이란, 삶이란
숱한 사람과 주고받은 선물과 거기 담긴 추억으로
이어지는지도 모르겠다는 생각.

눈앞의 사랑함을 어쩔 줄 모르겠음

　불안은 '모르겠음'의 아이. 일상에서 나는 자주 '모르겠음'. 왜 인터넷 연결이 끊겼는지. 각종 화분에 마지막으로 물을 준 때가 언제였는지. 의자의 볼트 하나가 어디로 갔는지. 그런데 찾아오는 사람이 왜 없는지. '모르겠음'. 그래서 불안. 불안은 쉽게 몸을 키운다. 무얼 먹고 자라는지 '모르겠음'. 커다래지고 커다래져서 연결되지 않는 인터넷과 말라가는 듯한 화분이, 화분과 사라진 의자의 볼트가, 찾아오지 않는 사람들이 하나의 불안에서 쑥쑥 자란다. 손에 손을 잡고. 불안은 내부에도 있다. 불안이 아- 하고 부르면 저 깊은 안쪽에서 이- 하고 대답한다. 나는 곧 아이- 하고 한숨을 쉰다.

  사람마다 불안을 대하는 태도가 다르지. 누군가는 화를 내고 누군가는 도넛을 먹고 누군가는 담배를 피울 텐데, 나로 말할 것 같으면 불안을 내버려둔다. 커다래지고 커다래져서 불안아. 나도 삼켜라 한다. 그것은 일견 포기인데, 불안과 포기는 같은 컵에 담긴 물과 기름처럼 어울리지 못한다. 불안은 '모르겠음'의 아이이고, 포기는 '알겠음'의 아이이기 때문이다. 그래서 '알겠음'보다 '모르겠음'이 더 낫다. 모르겠음의 상태에서 나는 추리와 추적을 포기하지 않는다. 생각해보면 '모르겠음'의 상태를 해소하려는 것은 아니다. 무어라도 하지 않으면, 그러면.

  나는 인터넷 공유기의 전원을 껐다 켜보고 그래도

소용이 없으면 재설정 버튼을 눌러 시간을 들인다. 말라가는 듯한 화분을 죄 바깥에 꺼내놓고 물을 준다. 의자를 만든 회사에 전화를 걸어 볼트를 구매할 수 있는지 물어보고 손님을 갈구하는 우는소리를 SNS에 올린다. 그런데도 '모르겠음'의 갈증은 해결되지 않지. 인터넷이 연결되고 화분이 싱싱해지고 의자는 삐걱거리지 않으며 손님 한둘이 와서 힘내라고 응원해준다 해서 가시지 않는다. 불안은 여전하고 끝없이 자라며 결국 완전히 불안에 잠식되어서 나는 다이어리를 펼친다. 거기엔 끊이질 않는 불안의 행적이 있다. 차라리 나는 안심한다.

 어쨌든 불안은 그친 적이 없기 때문이다. 그친 적이 있다면 불안일 리가. 나는 불안과 함께 사는 쪽으로 진화해왔다. 불안에는, 도무지 적응이 어렵지만 모든 것의 시작과 끝은 '모르겠음'에 사로잡혀 있으므로, 나는 끊임없이 변화하며 살아왔으므로. 따지고 보면 우리는 늘 불안을 추구하며 산다. 불안이 사라질까 봐 무서워 떨면서 어쩔 줄 몰라 하면서. 잠든 아기의 코 아래 손가락을 대보는 엄마처럼. 불안은 극복의 대상이 아니다. 모르겠음이 부끄러운 상태가 아니듯. 엄마는 안다. 아기가 그저 잠들어 있다는 사실을. 그저 눈앞의 사랑함을 어쩔 줄 모르겠음의 상태.

거짓된 불안은 또 어찌나 많은지. 적체된 감정에, 마치 차압 딱지를 붙이듯. 사람들은 불안이란 딱지를 인정하지 않기 때문이다. 다들 자신이 불안의 반대편을 추구한다고 믿는다. 어리석은 일이다. 불안은 추구할 수 있는 것도 아니고 반대편에는 신의 나라가 있다. 비록 구멍이고 커다란 구멍이고 컴컴한 구멍이고 그 안에 들어가는 것은 내던져지는 상태와 다름없다 하더라도 불안으로, 나는 불안으로 더 나아가야 한다. 이미 불안 속에 잠식되어 있더라도. 방향을 모르겠어도 우리는 불안으로.

조용하다. 서점에는 아무도 없고. 인터넷 연결도 화분도 의자도 안녕하다. 이런 생각을 해본다. 우리는 각자의 자리에서 서로 불안의 망 중에 연결되어 있다.

열렬히 그리고 적극적으로 서로가 서로를 모르겠음. 그러므로 나는 이 상태에는 아무런 불만이 없다. 설령 그 무엇도, 나를 포함해 안녕하지 않더라도. 그래도 괜찮은 게 아닐까. 나아가므로. 그런 생각.

우리는 늘 불안을 추구하며 산다.
불안이 사라질까 봐 무서워 떨면서
어쩔 줄 몰라 하면서.
잠든 아기의 코 아래 손가락을 대보는 엄마처럼.
불안은 극복의 대상이 아니다.
모르겠음이 부끄러운 상태가 아니듯.
엄마는 안다.
아기가 그저 잠들어 있다는 사실을.
그저 눈앞의 사랑함을 어쩔 줄 모르겠음의 상태.

우리는 각자의 자리에서

서로 불안의 망 중에 연결되어 있다.

열렬히 그리고 적극적으로 서로가 서로를 모르겠음.

그러므로 나는 이 상태에는 아무런 불만이 없다.

설령 그 무엇도, 나를 포함해 안녕하지 않더라도.

그래도 괜찮은 게 아닐까. 나아가므로.

슬픔은 어디서 오는가

새벽 5시에 일어나 6시에 기차를 탔다. 옆자리는 비어 있었다. 나는 가방을 꼭 끌어안고 겉잠들었다. 누가 손등을 찰싹 때렸다. 나는 잠자코 있었다. 다시 손등을 찰싹 때렸고 나는 자면서도 내가 혼자임을 알고 있었기 때문에 거참 귀찮게 하네, 여겼을 뿐이다. 어쩌면 막내이모일지도 모르겠다 생각했다. 나는 막내이모의 장례식장에 가고 있는 길이니까. 그러나 다시 한 번 손등을 맞았을 때 감각은 몹시 사실적이었다.

눈을 뜨고 옆자리를 보았다. 동생이 앉아 있었다. 동생도 장례식에 간다. 서로 다른 역에서 기차를 타야 하는 우리는 같은 시간대의 열차 티켓을 각자 예매했었다. 아 그래. 같은 칸이 되었네. 난 알고 있었어. 그렇구나. 나는 두 칸 앞자리에서 어머니가 분명한 뒷모습을 발견했다. 동생과 달리 어머니는 나를 알은척하지 않았다. 형제를 잃은 기분에 대해 짚이는 바가 없었다. 처참할 정도로 깜깜했다. 애써 불러보지 않고 어머니의 뒷모습을 바라보다가 잠들었다.

꿈에, 막내이모가 나왔으면 좋았을 텐데 무슨 말이라도 해주었으면 좋았을 텐데, 그런 일은 일어나지 않았다. 눈을 떠보니 동대구였다. 5년 만의 방문이구나. 먼저 내린 어머니와 동생 둘이 플랫폼에서 기다리고 있었다. 마중 나온 사람들 같네. 아무도 웃지 않았다. 슬픔 때문은 아니다. 막내이모의 투병은 무척 오래된 일이다. 의사의 예상보다 훨씬 더 오래 천천히, 이모는 죽어갔다. 지난겨울 막내이모를 만나고 온 어머니는 오래 못 살 듯하구나 하고 알려주었다. 유예되어 있던 도래가 마침내 실행되려 할 때의 슬픔에 비하면 마침내 그리되고 만 다음의 슬픔은 작고 쓸쓸할 뿐이다.

   나와 어머니와 동생들은 무력함과 미력함에서 오는 이상한 기분에 사로잡혀서 골똘해진 채 택시를 탔다. 나는 이 자욱한 침묵을 깨기로 마음먹었다. 그래서, 막내이모에 대한 나의 기억을 찾아 말해보려고 했다. 그러곤 얼마 지나지 않아 내가 막내이모에 대해 알고 있는 바가 없음을 인정해야 했다. 동시에 의아했다. 이 슬픔은 대체 어디서 오는가. 멈춰 섰다가 빠르게 지나쳐 가버리기를 반복하는 차창 밖, 알 것 같지만 실은 전혀 모르는 도시 풍경을 바라보며 생각에 잠겨 있던 나는. 이 슬픔은 내게 동대구처럼 느껴지는구나. 지금까지 나는 동대구에 몇 번 다녀왔을 뿐이다. 나는 동대구를 알지 못한다. 나는 동대구를 영영 알지 못하겠구나. 그럼에도 동대구와 달리, 나와 막내이모는 혈연이고 피로 연결되어

있고 나는 내 죽음의 필연을 막내이모의 죽음에서
확인한다고 생각해본다. 나는 질문을 바꿔 막내이모는
어떤 사람이었느냐고 물었다.

  곧 열차가 도착할 예정이라는 안내 방송이 세
차례나 반복되고 나서야 동대구역으로 진입하는
기차가 보였다. 상가喪家에는 세 시간쯤 머물렀다. 입관
의식에는 참여하지 않았다. 참여하겠다고 했다가 직전에
마음을 바꿨다. 상가를 떠나기 전에 향불을 하나 다시
올렸다. 다급히 준비했는지 흐릿한 막내이모의 영정을
올려다보았다. 이모는 웃고 있었는데, 내가 기억하는
웃음과는 다른 모습이었다. 옆에 앉은 동생에게, 이모가
어떻게 웃었는지 기억한다고 말했다. 아주 확실한
기억이었다. 내가 기억하는 막내이모 웃음은 사실이었다.
나의 기억은 망자에 대한 호의적 왜곡이 아니었다. 그
웃음을 표현할 방법을 찾다가 관두었다. 나는 그 웃음을
얼마든지 기억해낼 수 있다. 기억 속의 웃음이 표현

불가의 영역에 있음을 재확인한다. 표현할 수 없는, 분명한 기억을 무어라고 일러야 할까.

    기차가 동대구를 떠나려 한다. 떠난다. 뒤로 뒤로 기약 없이 밀려난다. 나는 북받쳐 오르는, 아무래도 슬픔 외에 달리 설명할 수 없는 감정을 느낀다. 나는 영영 한 사람을 알 기회를 잃어버렸다. 이른 새벽, 멀리 찾아가 죽음을 확인하는 장례 절차는 그럼에도 조금이나마 알아보려는 노력일지도 모른다. 허전함을 이겨보기 위해 가방을 끌어안는다. 다시 겉잠에 들었는데, 손등을 찰싹 때린다. 하지 마. 나는 눈을 감고 말했다. 얼마 지나지 않아 다시 손등을 맞는다. 그러지 말라니까. 나는 눈을 뜨고 옆자리 동생을 흘겨본다. 동생은 이어폰을 꽂고 곤히 잠들어 있다. 아, 그런가. 그렇구나. 기억 속에 막내이모가 웃고 있다.

떠난다. 뒤로 뒤로 기약 없이 밀려난다.
나는 북받쳐 오르는, 아무래도 슬픔 외에
달리 설명할 수 없는 감정을 느낀다.
나는 영영 한 사람을 알 기회를 잃어버렸다.

유예되어 있던 도래가
마침내 실행되려 할 때의 슬픔에 비하면
마침내 그리 되고 만 다음의 슬픔은
작고 쓸쓸할 뿐이다.

오래 바라보는 마음

어젯밤 잠들기 전에, 나는 잠들기 전에 책상 앞에
앉아 있기를 좋아하는데 물론 아무 일도 하지 않은 채
우두커니, 우두커니 만년에 대해 생각했고 내일 아침에는
만년에 대해 써보는 것도 좋겠다 막연히 무엇을 써야
할지도 모른 채로, 그런 희망을 품어보았다. 그러곤 얼마
지나지 않아 나는 침대에 누워 만년에 대한 이런저런
이미지들을 떠올렸는데 꽤나 난삽한 형식으로 흩어지는

여러 그림들은 결국 가보지 못한 산 정상에 하얗게 쌓인 눈의 모양으로 모아졌고 나는 그것이 몽블랑 산의 만년설이라고 짐작했다. 그러니까 몽블랑 만년설. 이제 와 생각해보면 그리 우습지도 않은데 어젯밤 나는 침대에 누워 하릴없이 비시시 웃고 말았다. 어쩔 수 없이 몸을 일으켜 핸드폰을 켜고 확인해본 결과 몽블랑 산에는 정말 만년설이 있다. 몽블랑 만년필의 로고는 몽블랑 산의 조감인가. 만년설의 모양이었나. 몽블랑 산의 만년설은 녹아내리고 있다. 몽블랑의 로고는 녹아내리진 않겠지. 몽블랑의 만년설이 있'었'단 사실의 증거가 되겠지. 곧 바닷속 보물처럼 잠 아래로 가라앉아버렸다.

 사전에서 만년萬年을 찾아보면, 오랜 세월이라는 뜻과 변함없이 한결같은 상태라는 뜻이 있는데 둘은 닮아 보이지만 전혀 다른 뜻이구나. '오랜 세월'과 '한결같은 상태'는 반대 항에 가깝지 않은가. 동시에 두 뜻에는 과장이 그리고 바람이 깃들어 있다. 만년이라니. 만년은 추측의 영역이다. 가설과 가정의 개념이다. 과학자들은

10여 가지 방법을 통해 지난 시간을 알아낸다. 과학자들은 미세한 것을 더 미세하게 분류하여 우리 몸에 일부가 만년 전 도래했음을 찾아낸다. 그리하여 거슬러 올라간 만년 전이 숫자로 적힐 때에 만년이 가정도 과장도 아닐 적에 그들은 어떤 아뜩함을 느낄까. 그때의 아뜩함이 가진 실체성에 대해 나는 감히 감도 잡을 수가 없다. 나에게는 만년이라는 시간이 그저 동글동글하고 보들보들한 추상의 영역이기 때문이다. 다시 말해 내게 만년은 추측 과장 가설 그 자체이기 때문에 역설적으로 추측 과장 가설이 아니다. 나 개인에게 만년은 없는 시간이다. 그러고 보니 참으로 과학적이다. 백년은 가깝다. 천년은 있음직하다. 만년은 불가능하다. 만년부터 나는 깜깜한 어딘가로 입장하는 기분이 든다. 하지만 만년은 만년이라서 영원이 아니다. 영원보다 가까운 만년. 저 깜깜한 어딘가에도 끝이 있다는 감각은 또 얼마나 다행인가.

    나에게 첫 '만년'은 만년필이다. 만년필은 큰이모의

선물이었다. 중학교 입학식 날 이모는 먼 길을 마다않고 찾아오셨다. 큰이모는 내게 워터맨 만년필을 선물해주셨다. 만년필이라는 형식과 내용이 있는 줄은 알고 있었다. 다만 내 소유의 워터맨 만년필이 생긴 다음에야 나는 만년필이라는 실체와 더불어 만년이라는 개념과 맞닥뜨리게 되었다. 물론 그때는 몰랐다. 그때는 만년필에 그리 감격하지 않았다. 중학교 입학이라는 충격 때문이었다. 중학교 입학이 준 충격은 실로 거대했다. 나는 더 이상 어린이가 아니었다. 소년도 아니었다. 장난감을 좋아하면 안 되었다. 비밀을 생산해내어야 했다. 그런 척해야 했다. 이제 와 생각하면 워터맨 만년필의 화살촉 로고는 앞으로 삶의 방향에 대한 상징물이었지만 그런 것을 눈치채기에는 나는 너무 미숙했다. 나는 그 만년필을 얼마 지나지 않아 잃어버렸다. 내가 잃어버린 것은 만년필뿐이 아니었으나, 무엇을 잃어버렸는지는 명확하지 않다. 명확함은 첫 만년필의 분실뿐이다. 물론 만년필의 분실일 따름이다.

만년이라는 시간은 지금도 만년필과 함께 앞으로 앞으로 나아가고 있을 것이다. 어디에 있든. 내 첫 만년필이 다른 쓰레기들과 흙 속에 파묻혔을지라도.

  그리하여 만년을 생각하는 아침. 가늠할 수 없고 그저 막연한 시간인 만년을 생각해보는 아침. 나는 그럼에도 만년이란 얼마나 중요한가 하는 결론에 닿아가고 있다. 이를테면 우리가 놓지 못하는 상태의 가치. 사랑, 우정, 아름다움과 같은. 나는 '시'라는 것이 한 만년쯤 있었으면 좋겠다. 나를 기쁘게 하고 벌떡 일어나게 한 모든 것들이 만년 존재했으면 좋겠다. 그런 추측과 가설과 가정으로서의 만년. 내가 따라잡을 수 없는 느림으로 그치지 않고 나아가는 시간을 오래 바라보는 아침이다.

나를 기쁘게 하고 벌떡 일어나게 한 모든 것들이
만년 존재했으면 좋겠다.
그런 추측과 가설과 가정으로서의 만년.
내가 따라잡을 수 없는 느림으로
그치지 않고 나아가는 시간을
오래 바라보는 아침이다.

백년은 가깝다. 천년은 있음직하다.
만년은 불가능하다. 만년부터 나는
깜깜한 어딘가로 입장하는 기분이 든다.
하지만 만년은 만년이라서 영원이 아니다.
영원보다 가까운 만년.
저 깜깜한 어딘가에도 끝이 있다는 감각은
또 얼마나 다행인가.

투명한 세계

　서점에 놀러온 효진이 코를 찡긋댄다. 그 냄새가
나는데요, 그…… 하고 말을 끈다. 마땅한 단어를 물색
중이다. 닭발? 한다. 닭발. 닭의 발. 그…… 하고 나는
생각을 끈다. 맞아요. 닭발 냄새가 나요. 서점에서 닭발.
그게 발냄새는 아닐 테고. 나는 닭발 냄새가 무엇인지도
모르면서 일단 미간을 좁힌다. 먹어본 적이 없다.
양념닭발은 두어 번 젓가락을 대어본 적이 있다. 아,

맞아요. 그 양념닭발. 아니 그러니까 그게 뭐냐고.

서점에 들어오는 사람은 일단 깊게 숨을 들인다. 호들갑스레 감탄하는 사람도 많다. 책 냄새 좋아. 새 책 냄새, 무슨 냄새인지 안다. 반들거리는 깨끗한 냄새. 그 냄새가 그립다. 새 책 냄새를 나는 맡지 못하게 되었다. 서점을 오래 비웠다 돌아와도, 다른 서점에 방문해도 나는 새 책 냄새를 맡지 못한다. 함께 일하는 매니저 경화 씨도 마찬가지란다. 서점 사람들의 코는 새 책 냄새를 거르는지도 모른다. 그렇다면 나는 영영 냄새 하나를 잃어버리고 만 것이다.

그 냄새가 몸에 배었을지도 모른다. 후각에 예민한 사람은 내가 서점에서 일한다는 사실을 알아챌지도

🌿 오래전부터 나는 '냄새'라는 표현에 불만이 많다. 물론 '냄새'는 후각을 통해 알아챌 수 있는 기운 낌새라는 중립적 의미를 가지고 있지만, 그럼에도 냄새라는 단어에는 기분 나쁜 뉘앙스가 담겨 있는 것 같다. 킁킁대며 미간을 찌푸리고 주변을 둘러보게 될 것만 같다. 마침내 코를 틀어막아야 할 것만 같다. 마땅한 대체 단어가 없다. '향'은 특이함을 가지고 있거나 작위적이다. '-내'는 가시질 않고 오래 신경 쓰인다. 도리 없이 냄새라 말하고 적게 된다. 뒤죽박죽 섞이고 만다. 긍정의 뉘앙스를 포괄하는 단어를 만들 수 있으면 좋겠다.

모른다. 그런 가정은 나를 위로해준다. 나도 호들갑스레 새 책 냄새를 좋아하기 때문이다. 움직일 때마다 나는 새 책 냄새. 버스 옆자리에서 풍기는 새 책 냄새. 마주 보고 대할 때 맡게 되는 새 책 냄새. 새 책 냄새에 대한 상상은 나의 자세를 바르게 한다. 새 책 냄새에 폐를 끼치는 사람은 되고 싶지 않다. 걸맞은 사람이 되고 싶다.

   감각은 인과관계 안에 있다. 보이니까 본다. 만져지므로 만진다. 들리니까 듣는다. 맛이 있어 맛을 본다. 새 책이 있어서 새 책 냄새가 난다. 닭발은 어디 있을까. 닭발 중에서도 양념닭발이 서점에 있을 리 없다. 후각은 다른 감각에 비해 더 상대적이다. 분명 어떤 냄새가 날 텐데 어떤 냄새가 닭발 냄새와 비슷한 걸까. 냄새의 근원을 찾아보면서 나는 내 몸에서 날지도 모를 양념닭발 냄새를 걱정한다. 서점에서 나는 새 책 냄새가 아니라 양념닭발 냄새가 난다면 실망스럽다. 내가 생각하는 새 책 냄새가 실은 닭발 냄새는 아니었을까 의심하면서,

냄새를 나란히 놓고 견줄 수 있는 방법이 없다는
사실을 새삼스럽게 생각해보는 것이다. 감각은 언어에
의탁한다. 차갑다 뜨겁다 맵다 짜다 조용하다 시끄럽다
파랗다 노랗다 빨간색이다 그리고 닭발이다 새 책이다.
당연하던 것이 당연하지 않을 때 믿고 있던 세계는
느닷없이 투명해진다. 의심 위에서 더 혹은 덜 어긋나고
마는 상대적 개념에서 느끼는 애틋함이 마냥 싫은
것만은 아니다. 느닷없이 도착한 확실하지 않은 세계에는
재미있는 지점이 있다. 이것과 저것이 확실하게 분간되어
있는 세계란 시시할 뿐이다. 닭발 냄새라니. 효진과
나는 그 까닭을 찾아보다가 포기한다. 그렇다면 새 책과
양념닭발은 우리가 알기보다 가까운 사이인지도.

퇴근을 하기 전에 나는 코를 통해 다시 한 번 깊게
숨을 들이마셔본다. 불 꺼진 서점에서는 아무 냄새도
나지 않는다. 나는 그게 나의 생활 냄새일지도 모른다고
생각한다. 새 책 냄새에도 종류가 있겠지. 시집 냄새,
인문서 냄새, 소설 냄새. 뿐만 아니라 시집 독자들이

묻혀놓은 향수 냄새. 원고를 쓰느라 끙끙 앓던 내 입에서 난 단내, 그런 것뿐 아니라 누군가 신고 왔을 새 신발 냄새, 누군가의 옷에 묻어 왔을 먼 곳의 먼지 냄새가 뒤섞여 있을 것이다. 거기에 그런 감각을 넘어서는 코를 통해서는 맡을 수 없는 그러나 냄새가 아니고서는 다른 무엇이 될 수 없는 온갖, 온갖 것의 냄새가 있겠지. 온갖 것의 냄새가 이 서점의 진짜 주인일지도 모른다. 그런 상상은 서점의 모든 것을 알고 있다고 착각하는 나를 겸손하게 만든다.

온갖 것의 냄새가

이 서점의 진짜 주인일지도 모른다.
그런 상상은 서점의 모든 것을 알고 있다고
착각하는 나를 겸손하게 만든다.

당연하던 것이 당연하지 않을 때
믿고 있던 세계는 느닷없이 투명해진다.
의심 위에서 더 혹은 덜 어긋나고 마는
상대적 개념에서 느끼는 애틋함이
마냥 싫은 것만은 아니다.
느닷없이 도착한 확실하지 않은 세계에는
재미있는 지점이 있다.
이것과 저것이 확실하게 분간되어 있는 세계란
시시할 뿐이다.

천천히 오는 것들

　싱크대 위에는 바나나가 있었다. 반점 하나 생기지 않은 바나나를 한참 보고 있노라니, 아내는 내가 바나나를 먹고 싶어 한다고 짐작한 모양이었다. 아직 먹기에 일러요. 조금 더 기다려야 해. 물론 나는 바나나의 덜 익음을 보고 있었다. 그렇다고 먹고 싶었던 건 아니다. 먹을 수 없겠군 실망하지도 않았다. 나는 바나나로부터 아무런 욕망도 느끼지 않았다. 진실로 싱크대 위에 있는 덜 익은 바나나를 바라보고 있었다.

　　그러나 아내의 말을 듣고 나니 나는 바나나가 먹고 싶어졌다. 얼마나 기다려야 할까. 하여간 바나나는 단숨에 익어버린다. 정신을 차리고 보면 갈변하여 손을 댈 수 없는 지경에 이르곤 한다. 아내의 조언을 무시하고 나는 바나나를 한 개 꺼내어 껍질을 벗겼다. 벗기면서 알았다. 아직 먹을 때가 아니다. 하지만 돌이킬 수 없었다. 실질적인 문제이기도 하고 자존심이 걸린 문제이기도 했다. 바나나를 베어 물었다. 씹기도 전에 풋내가 올라왔고 혀끝에는 떫은맛이 아릿하게 느껴졌다. 꾹 참았다. 실질적인 이유이기도 하고 체면치레와 관련한 이유이기도 했다. 표정만은 숨기지 못한 모양이다. 아내는 혀를 찼다.

　　'늦-되다'는 기어코 된다는 의미이다. 마음 급히 앞 글자에 마음을 빼앗겨 '되다'를 잊어서는 곤란하다. 일례로, 나는 말이 참 늦었다고 한다. 제법 알아듣고 따르건만 말하기는 영 되질 않으니 그런 나를 안고 아버지는 병원에 찾아갔다고. 그런 아버지의 조바심에 의사는 아마 혀를 찼을 것이다. 급히 바나나를 베어 물었다가 이도 저도 할 수 없는 처지에 놓인 나와 아버지는 이와 같이 포개어진다. 그리하여 나는 어떻게 되었는가. 물론 말하게 되었다. 들을 줄은 모르고 입만 살아 있으니 걱정은 매한가지이겠지만.

    느림은 상대적인 개념이기에 어떤 기준이 있음을 전제로 한다. 그리고 반대편에는 서두름이 있다. 나로 말할 것 같으면, 나는 매사 느린 사람이다. 너무 느려서 깜짝 놀라곤 한다. 대신 나의 느림은 쉽게 들키지 않도록 서두름으로 포장되어 있다. 느려서 해결하지 못할 일을 건성건성 처리하여 속히 끝낸다. 나의 전략이다. 사람들은 나의 전략에 속는다. 손은 빠른데 덜렁거려 실수가 잦아, 하는 식의 평가를 받는다. 그렇게 오래 살다 보니 나는 나의 느림의 진면목을 보여줄 기회를 잃었을뿐더러 스스로도 더는 느린 사람이 아니라고 착각하곤 한다. 물론 성에 차지는 않는다.

내가 혼자 있음을 좋아하는 건 한껏 느려져도 되기 때문이다. 최근에야 알게 된 사실이다. 나는 모두가 잠든 한밤에야 비로소 원하는 일을 원하는 방식으로 시작할 수 있다. 대개는 쓰기. 그리고 읽기. 이를 아주 천천히 실행하기. 오롯하게 혼자가 된 나는 아주 천천히 생각보다 더 천천히 쓰고 읽는다. 한때 나는 내가 부족한 면이 많아서 양껏 쓰거나 읽지 못한다고 착각했다. 기준은 타인이었고, 덕분에 낙담도 많이 했다. 자주 무리했고 실수가 잦았다. 회사원이던 시절에 어려움이 많았다. 직장에서의 업무란 정확해야 하고 정해진 시간 안에 해결해야 하니까.

 회사 생활을 포기하고 서점을 개업했을 때 가장 만족스러웠던 것은 내가 기준이라는 점이었다. 서점 일 또한 정확해야 하며 정해진 시간 내에 마쳐야 하지만, 여전히 급한 마음을 감추지 못하고 말끔하게 매조지 못하지만 형편은 분명 나아졌고 서점을 운영함에 있어 가장 큰 만족으로 작동한다. 이다음의 나는 좀 더 나의 속도에 맞는 일을 찾고 싶다. 세상 어딘가에 분명 느려도 나무람이 없는 어떤 일인가가 있지 않겠는가, 마음 놓고 한없이 느리게 살 수 있을 거라, 그리 믿는다.

   내가 자주 되뇌곤 하는 단어는 후숙後熟. 천천히 익어가다. 후숙의 마침은 알맞게 익음이며 나는 내 삶 어딘가에 그러한 지점이 있을 거라고 믿는다. 성숙하지 못하여 자주 누군가의 조언을 받아들이지 못하고 풋내 나는 떫은맛을 느끼곤 하지만 이 또한 후숙으로 가는 과정이리라. 나는 반점 하나 없는 바나나를 다시 한 번 들여다본다. 어째서 바나나로부터 아무런 욕망이 일지 않았는지 알 것 같다. 삶이라는 양태를 지켜보는 나만의 방법이 거기에 있었다.

이다음의 나는 좀 더
나의 속도에 맞는 일을 찾고 싶다.
세상 어딘가에 분명 느려도 나무람이 없는
어떤 일인가가 있지 않겠는가,
마음 놓고 한없이 느리게 살 수 있을 거라,
그리 믿는다.

내가 자주 되뇌곤 하는 단어는 후숙.
천천히 익어가다.
후숙의 마침은 알맞게 익음이며
나는 내 삶 어딘가에 그러한 지점이
있을 거라고 믿는다. 성숙하지 못하여
자주 누군가의 조언을 받아들이지 못하고
풋내 나는 떫은맛을 느끼곤 하지만
이 또한 후숙으로 가는 과정이리라.
나는 반점 하나 없는 바나나를
다시 한 번 들여다본다.
어째서 바나나로부터
아무런 욕망이 일지 않았는지 알 것 같다.

아직 오지 않은 아침

　미래, 하면 어쩐지 나는 아침을 생각합니다. 미래의
그날 아침, 막 잠에서 깨어나 밤새 흩어져 있던
감각이 차례로 조립되어가는 동안 떠오르는 기분을
가정假定해보는 것입니다. 예를 들어 꿈에도 그리던
카메라를 사게 된 미래를 상상해봅시다. 그날 아침 나의
기분은 어떨까. 신이 나겠지. 설레겠지. 절로 웃겠지.
얼른 책상으로 가보고 싶겠지. 카메라가 정말 책상 위에

있나 확인하고 또 확인하겠지. 아침이 차근차근 가고 있는 것도 모르겠지.

나는 '미래의 아침을 상상하기'를 때로 진통제처럼 쓰기도 합니다. 지난하고 고된 일―이를테면 원고 마감이라든가, 혹독한 마음고생, 대개는 월말 정산의 두려움과 같은 위기―에 처할 적에 나는 마침내 모든 일이 해결되고 난 다음 날 아침을 떠올리는 거지요. 얼마나 홀가분할까. 흐트러진 이불을 몸에 돌돌 감고 도로 잠들어도 가책이 없을 테고, 출근을 미루고 산책을 가도 나무람이 없을 것이며 나는 길고 긴 아침 샤워를 할 테다. 내친김에 욕조에 물을 받아 몸을 담아두어도 좋겠다. 그러면 나아집니다.

내가 발견한 아침의 쓸모입니다. 나는 아침의 쓸모를 자주 생각합니다. 이처럼 아침의 쓸모를 생각하다 보면, 아침이라는 시간을 어째 나는 모종의 장소처럼 여기고 있구나 싶어집니다. 매일 나는 아침을 찾아갑니다. 아침에도 아침을 찾아갑니다. 아침에, 얼굴에 닿는

차가운 물. 부지런히 오가는 칫솔의 까슬함. 맨살을 덮는 옷의 질감은 아침을 찾아가는 준비이고 나뭇가지 사이로 비껴드는 햇빛 혹은 사방을 적시어가는 빗물이나 눈송이. 흔들리는 버스의 안팎은 아침을 찾아가는 과정이며, 교실, 강의실, 사무실 같은 곳 역시 아침은 아니고 아침의 근처. 그러고 나면 나는 내가 아침에 대해 전혀 모르고 있다는 사실을 새삼 깨닫게 됩니다.

    누군가의 주장에 따르면, 아침의 어원은 '아작'이고 '아작'의 의미는 '아직 이르다'입니다. 주어가 없지요. 나는 주어가 죽음은 아닐까 의심해봅니다. 아침이 왔다는 것은 '죽음은 아직 이르다' 즉 '아직 살아 있다'는 뜻은 아닐까. 아침에 아침을 찾아감은 나의 '아직, 죽음'을 휘적휘적 증명하는 것이 아니려나. '아직, 죽음'이어서 단장하고, '아직, 죽음'이어서 만나고, '아직, 죽음'이어서 어딘가에 도착하는 아침. '아직, 죽음'을 확인하기 위해 확인시키기 위해 수행하는 아침의 일들. 아침에, 아침과 죽음이라니 적당하지 않지만 (아니, 대체 누가 아침과 죽음이 어울리지 않는다고 정했단 말인가요) 생물적으로도 심리적으로도 사실 우리는 반복해 죽고 있습니다. 허물을 벗는 애벌레처럼, 주어진 만큼의 죽음을 벗어버리듯 죽어가며 살아가고 있습니다. 기억은 죽어버린 일들을 돌아보는 일입니다. 과거의 사람은 죽어버린 사람입니다. 그와 같은 방식으로 우리의 매 시간은 죽음을 의식합니다. 역설적으로 더는 벗어낼 죽음이 없을 때, 의식할 죽음이 없을 때에 우리는 마지막 아침에 도착할 것입니다. 비로소 죽을 것이며 그것은 '마침내 이르다'일 것이며, 남은 아침이 없다는 의미가 될 것이며.

몰래 나는 내 몫의 마지막 아침 또한 상상해봅니다. 감도 잡히지 않는 그 아침의 기분이라니. 나는 마침내 아침에 당도하리라는 사실을 알고 있을 것인가, 지금처럼 짐작도 하지 못할 것인가. 알았다면 알았던 대로, 모른다면 모르는 대로 그 아침의 기분은 어떨 것인가. 내가 해야 할 일은 무엇인가. 실은 내가 할 수 있는 일이 달리 있을까요. 아침은 순식간에 사라져버리고 주어진 바가 얼마만큼인지 모르고 모르기 때문에 나는 아침을 찾아가기 위해 늘 했던 것처럼, 흉이 되지 않을 만큼 단정하게 단장을 하고 사소한 현상들에 새삼 감탄을 하며 나의 사회 속으로 입장하여야 합니다. 아침에 대한 이런 상념은 결코 슬프지 않습니다. 어쩌면 나는 기다리고 있는지도 모릅니다. 물론 속으로 깊이 아주 깊이, 나도 몰래, 갖는 바람일 것입니다. 아침으로 갑니다. 오늘도 나는 아직 이르고 있습니다.

어쩌면 나는 기다리고 있는지도 모릅니다.

물론 속으로 깊이 아주 깊이,

나도 몰래, 갖는 바람일 것입니다.

아침으로 갑니다.

오늘도 나는 아직 이르고 있습니다.

아침의 어원은 '아젹'이고 '아젹'의 의미는
'아직 이르다'입니다. 주어가 없지요.
나는 주어가 죽음은 아닐까 의심해봅니다.
아침이 왔다는 것은 '죽음은 아직 이르다'
즉 '아직 살아 있다'는 뜻은 아닐까.
아침에 아침을 찾아감은 나의 '아직, 죽음'을
휘적휘적 증명하는 것이 아니려나.
'아직, 죽음'이어서 단장하고,
'아직, 죽음'이어서 만나고,
'아직, 죽음'이어서 어딘가에 도착하는 아침.

한눈팔기

　나는 한눈에 재능을 가지고 있어서, '그것'말고
다른 것들에 대한 기억이라면 어렵지 않게 말할 수
있으니 이를테면 나는 오늘 내가 무엇을 했는지는 잘
기억하지 못하지만 오늘 하늘의 몇몇 구름 모습이라든가
행인의 티셔츠에 인쇄되어 있던 단어의 첫 글자라든가
말라죽어버린 길가 화분 위 버려진 담배꽁초의
개수라든가 하는 것들. 한눈을 팔다가 전봇대에

부딪힌다든가, 발밑에 있던 강아지를 찰 뻔했다든가 하는 크고 작은 불행들은 내게 사건도 아닙니다. 그렇게 보면 나는 운이 참 좋은 사람입니다. 하여간 지금껏 멀쩡히 살아 있지 않은가요. 자랑은 아니지만, 그 흔한 깁스 한 번 해본 적이 없습니다.

　아마, 내가 버스 타기를 사랑하는 까닭은 좌우간 한눈팔기 적당하기 때문. 버스는 정해진 노선을 따라 알아서 움직이고 느리며 때때로 정차까지 하는 데다가 각양각색의 볼거리를 무시로 제공합니다. 나는 편안하고 즐거운 기분으로 마음껏 한눈을 팔기도 합니다. 버스가 아니었다면 대체 어디서 계절이 오고 가는 것을 발견할 것이며, 요즘 유행은 무엇인지 더 나아가 사람들은 자신의 삶을 어떻게 꾸리는지 알 수 있겠습니까. 버스란, '한눈팔이'들에게 제격인 체계인 것입니다. 어쩌면 버스에서의 읽기 또한 한눈팔기의 일종일지도 모릅니다. 어렸을 적에는 버스에 앉아 책 읽기를 좋아했습니다. 잘 읽히지 않는 책을 한 권 들고 종점에서 종점으로 무작정—당시에는 거리에 상관없이 요금이 균일했지요—다녀오기도 했습니다. 나이가 든 지금은 버스에서의 독서는 두통으로 이어지고 말지요. 어느새 나는 책을 덮고 차창 너머를 구경하거나, 버스 안 사람들을 힐끔대거나 아니면 짧지만 강렬한 잠에 빠지곤 합니다.

'한눈'에는 또 다른 의미가 있는데, 관형사 '한'과 보통명사 '눈'이 붙어 '한 번 봄', '잠깐 봄'이란 뜻이 되지요. 대개 '한눈에 반하다' 할 때 그 한눈입니다. 어느 날 나는 버스에서, 만원 버스였는데요, 하필 서 있었고, 왼쪽 오른쪽뿐 아니라 앞뒤로 사람들에게 시달리고 있었지요. 키가 큰 편이라 숨 쉬거나 고개를 돌리는 데에는 불편함이 적어서 그나마 다행이었습니다. 뭐 별달리 볼거리가 없나 고개를 돌리다 문득, 뒤쪽 좌석에 앉아 있는 얼굴을 발견했습니다. 그가 누군지 한눈에 알아보았지요. 그는 나이 많은 시인이었습니다. 나는 시인과 썩 가깝게 지내는 편이었고 무척 반가웠으며 그래서 인사를 하고 싶었지만 그러지 못했습니다. 사람이 너무 많기도 했거니와 시인의 표정, 잔뜩 찌푸린 채 무엇에도 관심을 두고 있지 않은, 고뇌라면 고뇌이며 상념이라면 상념에 빠져 딱딱하게 굳어 미동도 없는 안색 때문이었습니다. 시인은 나를, 버스가 흔들릴 때마다 이리저리 시달리면서도 시인 자신에게 눈을 떼지 못하는 나를 알아채지 못했습니다. 그의 고통은 혹은 고심은 그만큼 깊었고 나는 시인의 고통을 어쩌면 고뇌를 방해할 수 없었습니다. 방해는커녕 거의 압도당하고 말았지요. 동시에 두려웠습니다. 오래 알고 지냈으면서도 단 한 번도 본 적 없는 시인의 표정에서 그의 진면목을 훔쳐본 것만 같았습니다. 그렇게 몇 정거장어치의 시간이 지났을까요. 나는 아직 도착하지도 않았는데 도망치듯이 버스에서 내리고 말았습니다. 시인에게, 내가 시인의 감추어두었던, 감추어두었던 것이 확실한, 무언가를 보고 말았단 사실을 들키고 싶지 않았습니다. 그로부터 얼마간 시간이 흘러 시인을 만났습니다. 시인은 예의 다정한 표정을 가진 채였고 나는 시인에게 버스에서 당신을 보았다는 이야기를 하지 못했습니다. 이따금 나는 시인의 시를 읽으며 그때 세상에 없는 다른 곳을 바라보던 시인의 한눈팔기를 떠올립니다. 내가 한눈에 알아보았던 것은 시인의 얼굴이 아니라 시인의 그림자였다는 상상을 해보게 됩니다.

    오늘도 나는 버스를 타고 출근했습니다. 한눈을 팔면서 한눈에 알아볼 어떤 것들을 찾아 기웃댑니다. 그러면 보이는 작은 것들에 마음을 빼앗기면서 촘촘하게 채워져 있는 세계가 한눈에 들어옵니다. 이를테면 이런 것들입니다. 학생의 가방 가방에 붙어 흔들리는 작은 인형 인형의 그림자 그림자를 밟고 선 사내의 낡은 구두 그것이 밟았을 지난한 세월의 바닥 거기엔 나도 발을 대어보았겠지. 한참 따라가다 보면 어느새 나는 한잠에 빠집니다. 내릴 때가 다 되면 번쩍 눈이 뜨일 짧고도 강렬한 잠입니다.

오늘도 나는 버스를 타고 출근했습니다.
한눈을 팔면서 한눈에 알아볼
어떤 것들을 찾아 기웃댑니다.
그러면 보이는 작은 것들에 마음을 빼앗기면서
촘촘하게 채워져 있는 세계가
한눈에 들어옵니다.

일요일은 일요일

　일요일을 나는 잘 알아요. 일요일 아침은 알람을
끄려는 느린 손. 들락거리는 잠. 가볍고 짧은 꿈. 커튼
사이로 드는 볕. 조그만 허기. 일요일은 토요일을
기억하지 않고 일요일은 월요일을 생각하지 않고
일요일은 일요일. 근사한 회문. 일요일 아침은 성경을
들고 걸어가는 나이 든 사람들. 한가한 버스 정류장.
느릿느릿 언덕을 올라오는 버스. 아이는 한 명도 보이지

않아요.

　일요일의 가로수. 일요일의 외국인. 일요일의 고궁. 일요일의 비둘기 떼. 공중을 한 바퀴 빙 돌아 무사히 땅에 착지하는 일요일의 햇빛. 일요일의 차창에 기대면 따뜻해지는 한쪽 볼. 오래지 않아 나 혼자 앉아 있는 일요일의 버스. 나는 일요일의 버스 운전수의 외로움을 생각합니다. 그의 말벗이 되고 싶다는 생각도 합니다. 생각 끝에 꾸벅꾸벅 졸기 시작합니다. 일요일 쪽잠. 그리로 찾아오는 맨발의 신. 하마터면 종점에 닿을 때까지 잠들 뻔했습니다.

　아직 일요일 오전은 끝나지 않았습니다. 오전 11시 30분. 나는 기다립니다. 오전 11시 45분 여전히 나는 기다립니다. 12시, 서점의 문을 열면 가까운 성당의 종소리. 두 번째 삼종기도 시간입니다. 나는 눈을 감고 일요일의 기도를 합니다. 종소리가 끝나기 전에 기도를 마치고 싶은데, 소원은 끝이 없고 종소리는 기다려주지 않습니다. 늘 공평한 종소리. 눈 뜨면 다른 곳에 있는 기분이 들지만 그럴 리 없는 일요일의 정오.

  나는 포장해온 햄버거를 먹습니다. 일요일의 햄버거. 먹어도 먹어도 질리지 않으면 좋겠지만 질려도 질려도 먹어야 하는 일요일의 햄버거. 여지없이 바닥에 떨어지는 일요일의 피클 한 조각. 이때쯤 찾아오는 일요일의 첫 손님. 그에겐 꼭 필요한 책이 한 권 있을 것입니다. 그렇지 않고서야 일요일의 정오에 서점에 오지는 않을 테니까요. 나는 그에게 필요한 책이 시집이기를 바랍니다. 일요일의 서점에서 구매한 일요일의 시집.

  일요일의 문제집 일요일의 소설 일요일의 인문서 일요일의 잡지. 나는 서점의 나선계단에 앉아 책을 고르는 사람들을 구경합니다. 그 역시 지루한 일이지만, 시간을 보내기에는 참 좋습니다. 일요일의 '요'는 빛날 요. 반짝반짝한 요. 탐이 나는 요 말끝에서 정중한 요. 말 앞에서 귀여운 요. 그런 요의 일요일. 일요일 오후. 이따금 나는 일요일의 장난을 계획하기도 합니다. 책상 아래 숨어 있다가, 문을 열고 들어오는 손님을 왁-하고 놀래켜주고 싶은 것입니다. 그럴 수는 없습니다. 다른 장난을 생각해봅니다. 책방에 있는 사람들이 책에 열중할 적에 창밖을 보고 비가 오네! 하면 어떨까. 일제히 돌아본 창밖에는 생글생글한 햇볕만 있을 적에 우산을 펴고 농담입니다– 재간을 부리는 정도면 모두 하하, 웃어주지 않을까.

    이제는 일요일의 저녁. 오후 5시 30분. 나는 기다립니다. 오후 5시 45분. 나는 여전히 기다립니다. 오후 6시. 삼종기도의 마지막 종이 울립니다. 나는 눈을 감고 기도를 합니다. 하루가 끝나가는데도 소원은 끝이 없고 종은 나를 기다려주지 않습니다. 공평하게. 아주 공평하게. 마침내 눈을 뜨면, 나는 다른 곳에 와 있는 기분입니다. 문을 잠그고 전원 스위치를 내립니다. 간판 불이 꺼지는 걸 나는 본 적이 없습니다.

    일요일은 일요일. 근사한 회문. 다른 의미는 없습니다. 불 꺼진 서점에서 나는 손뼉을 한 번 소리 나게 치고 이제 끝! 하고 외치고 싶은데 그러곤 나선계단을 따라 2층으로 올라가고 싶은데, 그래야 일요일은 일요일이라는 마법이 끝나게 될지도 모르는데, 매번 서점 문을 닫고 나설 때가 되어서야 그러지 않았다는 것을 기억합니다. 다음 일요일에는 꼭 해봐야겠어 다짐합니다. 일요일은 일요일. 나는 저문 일요일의 버스 정류장으로 걸어갑니다.

나는 눈을 감고 일요일의 기도를 합니다.
종소리가 끝나기 전에 기도를 마치고 싶은데,
소원은 끝이 없고 종소리는 기다려주지 않습니다.
늘 공평한 종소리.

일요일을 나는 잘 알아요.
일요일 아침은 알람을 끄려는 느린 손.
들락거리는 잠. 가볍고 짧은 꿈.
커튼 사이로 드는 볕. 조그만 허기.
일요일은 토요일을 기억하지 않고
일요일은 월요일을 생각하지 않고
일요일은 일요일. 근사한 회문.

투명한 외톨이

글씨 쓸 일이 아예 없는 요즘, 나는 자주 아버지를
떠올린다. 아버지는 나의 글씨에 무척 집착하셨다.
아버지 생전에 잘 쓴 글씨를 보여드릴 수 있었다면
좋았을 텐데 싶을 만큼. 아버지 당신의 글씨가 스스로
못마땅했기 때문이었을 게다. 명조의 형식을 갖춘
반듯한, 그러나 아무리 보아도 잘생겼다 보기 어려운
필체로, 아버지는 글자를 적어갔다. 당장 내가 가진

아버지 글씨는 없다. 찾아보아도 없을 것이다. 하지만 조금도 아쉽지 않을 만큼 분명하게 아버지의 글씨를 기억하고 있다. 누굴 나무랄 솜씨는 결코 아니다.

   글씨는 손끝에서 태어나 뼈와 살과 피를 이루고 가만한 그림자를 만들고 조용히 쓰는 사람을 드러내지. 그런 모습을 사랑하지 않을 수 있는가. 나는 아버지 글씨에 대한 상상으로부터 한 그루 나무 같은 아버지의 모습을 그려낸다.

   아버지에 붙들리다시피 찾아간 펜글씨 교습소는 아주 누추한 건물에 있는 몹시 누추한 사무실로 열 평은 되나 싶은, 바깥 창에 나붙은 광고와는 달리 실은 서예를 사사하는 목적을 가지고 있었다. 어느 저녁 무렵, 아버지와 그 뒤를 주춤거리며 따르는 내가 들어섰을 때 사무실에 있던 초로의 사내와 중년의 여성이 감추지 못하던 당황한 기색을 기억한다. 열어놓은 알루미늄 섀시 창으로 녹번동의 저녁놀이 비껴들고 있었다. 사무실 안 모든 것이 노란빛으로 물들었다. 아버지는 물론 나도.
방문 목적을 들은 그들은 내 앞에 백지를 한 장 내밀며
글씨를 써보라고 했다. 아무거나, 가나다라도 좋으니
되도록 정성껏 써보고, 평소대로도 써보라고 그랬다.
두어 줄 떠오르는 대로 내 이름, 다니는 학교 명칭 등을
적어놓은 종이를 초로와 중년이 번갈아 살피고 뭐라
뭐라 속닥이는 동안 나는 부끄러워 어쩔 줄 몰랐었다.
이윽고 그들은 귀하의 아드님을 맡아 가르쳐보겠노라고,
학원비는 이만큼이고 준비물 등은 따로 필요 없노라고,
아버지와 악수하듯 협상을 마쳤다.

 다음 날부터 나는 매일 저녁 그 사무실로 갔다.
사무실에 가면 그날과 똑같은 노을이 비껴들어 모든 것을
노을빛으로 물들였다. 어떤 날은 초로만 있었고 어떤
날은 중년만 있었다. 둘 다 있는 날도 있고 한둘이 더
있는 날도 있었다. 어쨌든 나는 사무실에서 외톨이었다.
그것도 투명한 외톨이. 사무실에 앉아 내가 한 것이라곤
'가'부터 '하'까지 열네 글자를 반복해 적는 일뿐이었다.

무엇을 어떻게 써야 하는지, 지켜야 할 습관은 무엇이며 버려야 할 습관은 또 무엇인지 그들은 알려주지 않았다. 알려주기는커녕 내게 말을 거는 일도 거의 없었다. 한 시간 동안 반복해 적은 글자를 그들에게 제출하면 그들은 이제 집에 가보아도 좋다고 했다. 아무리 생각해도 일종의 사기였다. 결국 나는 한 달을 간신히 채운 뒤 더는 그곳에 가지 않았다. 지독하게 지루했고 결국 졸렸고 한두 번 꾸벅꾸벅 졸기도 했었다. 물론 나의 글씨는 조금도 나아지지 않았다. 그런데도 나는 '글씨'라는 단어를 생각할 때에는 어김없이 그 사무실을 떠올린다. 그 사무실을 가득 채우던 노을빛을 떠올린다. 뿐만 아니라 그곳과 그곳의 저녁에 대해 떠올리고 있는 나 역시 노을빛으로 물들어간다. 기억이란 그런 것이다. 어느 장면에서 또박또박 그려진다.

    나는 여전히 형편없는 모양의 글자를 적는다. 아버지는 글씨란 곧 마음씨, 라고 했다. 글씨나 마음씨에만 관여한 것이 아니라, 나의 발씨나 말씨, 몸씨 같은 일에도 관심이 컸다. 나의 잘못된 말이나 행동에는 가차 없었다. 대신 아버지는 나머지에 대해서는 별반 잔소리가 없었다. 내가 공부를 잘하거나 못하거나, 시인이 되고 싶어 하거나 그에 자질이 없거나 그런 일에는 세심하게 침묵해주었다. 퍽 미워하던 시절도 있었지만, 아버지는 멋진 사람이었다. 그래서 후회한다. 글씨 공부를 했어야 했다. 돌아가시기 전에 근사한 필체로 편지를 한 통 적어 보냈으면 좋았을 것이다.

그곳과 그곳의 저녁에 대해 떠올리고 있는
나 역시 노을빛으로 물들어간다.
기억이란 그런 것이다.
어느 장면에서 또박또박 그려진다.

글씨는 손끝에서 태어나
뼈와 살과 피를 이루고
가만한 그림자를 만들고
조용히 쓰는 사람을 드러내지.
그런 모습을 사랑하지 않을 수 있는가.

공항

　버스 짐칸에 놓여 있던 가방을 받아 든 시각은 새벽 6시. 비가 내리고, 무척 춥다. 그러나 공항의 사람들은, 누군가를 마중 나온 것이 아니라면, 닿을 곳의 날씨를 신경 쓰게 되기 마련이다. 날씨뿐 아니라 시간 또한. 그곳은 한밤이겠구나. 그 밤은 어제의 밤이다. 내가 지나온 시간이다. 그곳의 사람들은 내가 지나온 시간을 지금 살고 있다. 익숙해지지 않고 매번 신기하다. 경도와

자오선, 그리니치 천문대 따위 상식들과 무관하게. 옷깃
사이로 한기가 스며든다. 부르르 몸을 떤 다음에야
나는 그곳의 생각에서 놓여난다. 비행기가 출발하려면
아직 두 시간도 넘게 남았다. 공항에서의 두 시간은
보통의 한 시간 남짓에 불과하다는 것을 잘 알고 있다.
방심하다가 비행기를 놓친 적도 있었다. 말이 통하지
않는 나라에서의 일이다. 당황하여 얼굴이 벌게진 나를
딱하다는 듯 쳐다보던 항공사 직원들의 눈빛을 기억한다.
그런 일이 두 번 있어서는 안 된다. 적어도 나의 실수로는.
나는 무거운 짐 가방을 끌고 걸음을 재촉한다.

  체크인 카운터는 아직 열리지 않았다. 로비의 빈
의자에 앉아 그전에 해야 할 일이 있을 것 같은 기분에
사로잡혔다. 환전을 한다거나, 휴대전화 로밍 서비스를
신청하기 같은. 하지만 그런 일들은 며칠 전 미리
마쳐두었다. 특별히 애를 쓰거나 동분서주할 필요도
없었다. 앉은자리에서 모바일에 담긴 어플만 몇 번
터치하면 환전도 로밍도 간단히 해결할 수 있으니까.

세상은 점점 빨라지고 간편해진다. 그만큼 재미가 없어졌지. 마치 누군가의 말에 수긍이라도 하듯 고개를 주억거리며 가방에서 전자책 단말기를 꺼낸다. 이것 또한 마찬가지이다. 출국 전날 밤, 짐을 싸면서 두께와 무게를 재보며 어떤 책을 가지고 갈까 고민하던 것도 이제는 옛이야기이다. 손바닥 두 개만 한 이 전자 장비에는 수십 권의 책이 들어 있다. 원한다면 여행 도중 얼마든지 새로운 책을 보충할 수도 있다. 종이책으로는 800쪽에 육박하는 한 일본 작가의 신작 소설을 불러오다 말고 지난 일이 떠올라 웃어버렸다. 1998년. 벌써 27년 전 겨울. 그때도 공항.

   첫 배낭여행이자 첫 출국을 앞두고 나는 잔뜩 긴장한 채 공항 로비 의자에 앉아 다리를 떨고 있었다. 늦은 오전에 출발하는 비행기였는데, 새벽에 도착해 있었다. 아무 문제없으니 걱정하지 말라고 큰소리치며 혼자 나선 길이었고, 호언과는 달리 5분에 한 번씩 여권과 비행기표의 안전을 확인하곤 했다. 아무리 생각해도 어리숙하고 무모하다. 겨울에 유럽이라니. 결국 갖은 고생으로 대가를 치르게 될 것인데 어린 나는 그저 비행기를 놓치지 않고 타겠다는 일념만 다지고 있었다. 마침내 티켓팅을 할 시간이 왔다. 짐을 받아 든 직원이 물었다. "가방 안에 들어 있지 말아야 할 물건이 있는지 다시 한 번 확인해주세요." 그제야 퍼뜩 떠오르는 게 있었으니 다름 아닌 팬티였다. 유럽에는 좀도둑이 많다더라. 어머니는 여벌의 팬티마다에 작은 주머니를 만든 다음 환전해온 달러의 대부분을 넣어 꿰매어두셨다. 사정을 들은 항공사 직원은 고개를 저었다. 엑스레이 검색대에서 문제 삼을지도 모른다는 거였다. 나는 짐을 되찾아 화장실에 갔다. 차마 로비에 앉아 팬티를 꺼낼 용기가 없었기 때문이었다.

    어찌나 단단하게 꿰매어 놓으셨던지 뜯어내느라 한참 애먹었지. 오가는 사람들의 의심 섞인 눈빛, 시작하기도 전에 자신감을 잃어버린 축 처진 내 어깨를 떠올리자니 웃음을 그칠 수가 없었다. 수차례 출국을 경험하고 외국에 다녀와봐도 지금 또한 마찬가지 아닌가. 탑승 수속을 할 때도 출국 수속을 할 때도 여전히 나는 긴장한다. 다만 달라진 것이 있다면, 만면에 미소를 띤 채 여유로운 척할 줄 알게 된 것뿐이다. 방금도 나는 여권이 든 주머니에 다시 한 번 손을 넣어보았으며, 모바일 티켓에 있는 게이트 넘버를 확인했다. 모든 것은 제자리에 있다. 나만 빼고. 나는 초조함을 느끼며 막 부팅되어 글자를 띄운 전자책 단말기를 도로 가방에 집어넣었다. 주변을 둘러보았다. 맞은편 의자에 후드를 푹 눌러쓴 젊은 백인이 눈에 들어왔다. 꽤나 지쳐 보인다. 여행을 온 것일까. 이제 자신의 나라로 돌아가려는 중일지도 모른다.

    나는 나의 기다림과 그의 기다림을 견주어본다. 아닌 게 아니라 온갖 종류의 거리 먼 기다림들이 모여 공항의 높은 층고를 가득 채우고 있다. 둥글게 모여 있는 저 단체 관광객들도, 손을 붙들고 출국장을 향해 걸어가는 젊은 연인도, 우르르 달려갔다 달려오는 어린아이들도 자신의

차례를 기다리고 있다. 지금 느끼고 있는 이 뭉근한
초조함의 근거는 기다림에서 비롯되었던 거구나. 고여
있는 시공간이 구체적으로 흐르는 장소가 공항이니까.
그러나 당장의 나는 멈추어 있으니까. 이 직전의 기분을
떨치고 얼른 떠나고 싶어졌다. 비행기의 좁디좁은 좌석에
몸을 구겨 넣은 채 깊이 잠들고 싶어졌다. 눈을 뜨면, 나는
외지인이 되어 있을 거였다. 전화도 메시지도 메일도
무시한 채, 어딜 어떻게 다니든 나의 마음이 될 것이다.
자유와 휴식, 그리고……. 결국 막막함이 밀려들 것이다.
어디든 가도 된다는 것은 누구도 기다리지 않는다는
뜻이기도 하다. 그런 마음에 익숙해지고 나면 그것 또한
지루해질 것이며 다른 기다림이 시작되겠지. 따뜻한
집, 익숙한 식사와 잠과 같은 것들. 지긋지긋한 업무
전화와 메시지와 메일도. 그러면 나는 그곳의 공항에서,
이곳의 날씨와 시간을 가늠해보며 비행기가 떠날 시각만
기다리게 될 것이다. 여행은 도피하기 위해서가 아니라,
자기 자신을 되찾기 위해 떠난다는 장 그르니에의 문장을

떠올렸다.

　그렇다면 공항은 그림자들의 보관소일 수도 있겠다. 나는 내 그림자를 여기에 두고 비행기에 올라타는 것이다. 홀가분해진 채 떠나지만, 그림자를 되찾기 위해 필연적으로 돌아와야 한다. 그렇다면 저 청년은 자신의 그림자를 찾아 돌아가는 것이다. 떠나왔던 공항에 도착하여 남겨두었던 그림자를 단단히 붙들어 매겠지. 익숙한 삶을 '새롭게' 시작하려고. 시작과 끝이 반대편에 있을 뿐 우리는 같은 처지이네. 내가 떠날 곳. 그러나 돌아올 곳, 공항에서 나는 발치쯤 있을 나의 그림자에게 작별 인사를 해본다. 잘 있어. 곧 돌아올게. 꽤 길지만, 너무 길지는 않을 거야. 반짝, 맞은편 청년의 눈이 뜨인다. 얼른 시선을 피하는 내 귀에 티켓팅 시작을 알리는 안내 방송이 들려온다. 나는 나의 짐 가방을 챙겨 들고 천천히 일어난다. 그림자가 당황하지 않도록. 그러면서 혹시 내 팬티에 무언가를 감춰둔 적이 있던가 잠시 의심해보았지만, 그럴 리가 없었다.

그렇다면 공항은
그림자들의 보관소일 수도 있겠다.
나는 내 그림자를 여기에 두고
비행기에 올라타는 것이다.
홀가분해진 채 떠나지만,
그림자를 되찾기 위해
필연적으로 돌아와야 한다.

내가 떠날 곳. 그러나 돌아올 곳,
공항에서 나는 발치쯤 있을 나의 그림자에게
작별 인사를 해본다.
잘 있어. 곧 돌아올게.
꽤 길지만, 너무 길지는 않을 거야.

손 흔드는 마음

　버스에서 울창하게 졸다 졸다 졸다, 가 눈을 떠보니 남은 건 나와 건너편에 한 사람. 내릴 곳은 좀 남았고. 건너편 당신이 먼저 내리나 내가 먼저 내리나 내기하고 싶다. 먼저 내리는 사람에게 손 흔들어주기. 보이지 않을 때까지. 어떤가. 나는 세 정거장 남았는데 어째 당신은 더 멀리 가는 것 같다. 그러니 잘 부탁해. 아무튼 창밖은 초록. 아직 아주 초록은 아닌 계절. 사방이 젖어 있다.

맺힌 것들, 막 구름을 열고 드러난 새 볕에 반짝인다.
그러게. 버스에 오를 때만 해도 비가 내렸는데 말이야.
예닐곱 정거장만큼 짧은 잠이 꽤 달았구나. 기분이 좋네.
어째 못할 일 없을 것 같다. 밀린 원고도 척척 쓸 수 있을
것 같다. 가정을 긍정하면서, 그런데 말이야. 건너편
당신도 내리면 버스는 텅 비어버리나. 아무도 타지 않고
그대로 종점까지 가는 걸까. 텅 빈 버스를 운전하는
운전사의 마음은 어떤 것일까. 초조할까. 쾌하고
즐거울까. 나라면 평소 듣지 않던 로큰롤이라도 틀어놓을
텐데. 다음 정거장에 누가 탈까 조마조마해하면서. 별
싱거운 상상을 하고 있을 때, 건너편 당신은 가방에서
무엇을 꺼낸다. 작은 손거울이네. 그걸 보고 싱긋 웃는다.
건너편 당신은 얼른 거울을 가방에 집어넣는다. 다시
꺼낸다. 다시 거울에 대고, 웃는다. 오른쪽 옆모습에
대고 웃고 왼쪽 옆모습에 대고 웃고 앞머리를 가지런히
정리하는 모습을 나는 물끄러미 본다. 방금 또 웃었네.
아 저것이 싱긋이구나. 그랬지. 벨을 누르고 버스에서

내려서도 나는 싱긋을 생각하느라, 건너편 당신이
내기에서 진 당신이 손을 흔들어주었는지 다시 거울을
보고 웃어보았는지 알지 못했다.

  나는 웃는 모양에 대한 연구를 해본 적이 없네. 매일
아침 거울을 보는데. 거울을 보고 한참 있는데. 면도를
하다 말고 싱긋 웃어보면 좀 무섭겠지. 그건 내가 나에게
웃었기 때문일 거다. 웃는 모양은 내 것이 아니라 맞은편
사람을 위한 거니까 연구가 필요하겠지. 자. 내 맞은편에,
나는 누가 있다고 생각하는 게 좋을까. 건너편 당신은
거울에서 누구를 봤나. 비즈니스 파트너. 애인. 친구.
부모. 잘 보이고 싶고 예뻐 보이고 싶어서의 연구. 한
장 사진과 같지. 증명사진을 찍을 때, 자 웃어보세요.
하고 플래시가 터지는 순간과 같은. 나도 모르게 찍힌
스냅사진도 있지. 웃을 때 내 모양이 이렇구나, 가만히
놀라고 알아가는. 사진. 포석을 우산 끝으로 쿡쿡 찌르며
나는 내 기억 속의 사진을 한 장 가만히 들여다본다.

나는 턱을 들지 않으려 애를 쓰며 웃지. 앞니를 보이지
않으려고 애를 쓰면서. 덕분에 찌푸리는 듯도 보이게.
억지로 웃는 사람처럼. 또 한 장의 사진에서 나는
파안대소를 하고 있다. 턱을 들고 한껏 입을 벌리며 그건
누가 봐도 함박웃음이다. 절로 인상을 쓰면서, 고개를
젓는다. 그러나 다시 말하지만, 웃음은 나의 것이 아니다.
나의 마음에 들어야 할 문제가 아닌 것이다.

  횡단보도 앞에 조그마한 사람이 아빠 품에 안겨 있다.
파란 눈의 금발이며, 그러나 어딜 보아도 조그마한
사람을 웃겨보고 싶다. 우스꽝스런 표정을 지어본다.
조그마한 사람은 휙 머리를 돌렸다 다시 나를 본다. 나는
다시 우스꽝스런 표정을 짓고 조그마한 사람은 휙 고개를
돌리고 그러던 어느 순간 조그마한 사람이 웃고 나도
웃고 뒤를 돌아본 아빠도 웃는다. 웃다가 지금 웃음은
어떤 모양일까 궁금해졌다.

버스에서 울창하게 졸다 졸다 졸다, 가
눈을 떠보니 남은 건 나와 건너편에 한 사람.
내릴 곳은 좀 남았고.
건너편 당신이 먼저 내리나
내가 먼저 내리나 내기하고 싶다.
먼저 내리는 사람에게 손 흔들어주기.
보이지 않을 때까지.

오지 않을 것을 알면서도

다 먹어 비어버린 감자칩 봉지가 책상 위에 놓여 있다. 집어 들어 안을 들여다본다. 작은 가루 하나 없이 냄새만 있다. 나는 이게 미래 같다. 비관적인가. 생각해본다. 아니다. 바로잡으려는 노력이다. 왜냐하면, 미래는 가능한 한 가장 낙관적인 모습으로 그려지기 때문이다. 한 장 복권을 떠올린다. 며칠 전 복권을 샀다. 나는 내가 산 게 나의 미래라고 믿었다. 나는 벌써 융자를 갚았다. 나는 벌써 밥과 술을 샀다. 집으로 돌아오는 길엔 모범택시를 탔다. 섣부르지만, 낙첨된 복권을 구겨버릴 생각으로 복권을 사는 사람은 없을 것이다. 미래는 그렇게 생겼다. 다른 모양을 허락하지 않는다.

　빈 감자칩 봉지, 부스러기 하나 없이 감자칩 냄새만 나는 순전한 쓰레기를 나의 미래로 본다기보다, '자. 이제 어쩔 것인가' 하고 나는 나의 미래를 생각한다. 나의 미래는, 슬프게도 뒤를 이을 문장이 없다. 미래의 문제는 여기에 있다. 알 수 없고 그러므로 알려 하지 않는다. 무작정 쌓여가는 일기를 읽어볼 때 나는 미래에서 온 사람이다. 그때의 미래, 지금의 현재, 미래의 과거의 나는, 부정할 수 없다. 부스러기 하나 없이 감자칩 냄새를 풍기는 빈 감자칩 봉지 그러니 순전한 쓰레기, 까지는 아니어도 그에 못지않게 쓸모없는 존재가 되어버린 기분이다. 여기까지 생각하고 나는 한껏 우울해진다.

　어릴 적 그렸던 '미래의 도시' 그림이 생각난다. 자동차에는 바퀴가 없고 화석 연료가 없이도 도시는 자생한다. 사람들은 모두 웃고 있다. 무엇보다 완전한 평면 위에 있다. 조금의 불의도 찾아볼 수 없게 꼼꼼하게 색칠된 채. 그 알록달록한 미래 도시를 기억하는 사람은 나뿐이다. 비록 왜곡된 형태이지만 그곳은 여전히 활기 넘친다. 사람들은 여전히 그리고 빠짐없이 웃고 있다. 완전한 평면 위에서. 조금의 불의도 없이. 그런 미래도 있었다. 내 지갑 속에 꽂혀 있는 복권처럼 폐기되지 않는 한, 이루어지지 않는 한 미래의 도시의 미래는 영원히 가능할 것이다. 그것이 미래의 아름다움이다.

  하지만 미래는 없다. 미래는 오지 않았다. 미래는 오지 않기에 아름답다. 과연 미래가 올지, 온다 해도 아름다울지 어떨지, 실은 나도 모른다. 내가 몰라도 미래는 영영 오지 않는다. 다가가면 멀어지고 물러나면 가까워지는 무지개처럼 미래는 나와 일정한 거리를 유지한 채 다가오지도 멀어지지도 않는다. 한편 미래는 떼어낼 수 없는 그림자와 같기도 하다. 나는 미래를 믿는다. 미래는 분명히 오리라. 그리고 지나가리라.

미래는 그렇게 들러붙어 있기도 하다. 무작정 쌓여가는 나의 일기들이 이를 증명한다. 아니다. 일기를 읽어보면 과거는 정확히 현재와 일치한다. 나는 같은 자리에 있다. 가는 것은 과거고 오는 것은 미래다.

  비어버린 감자칩 봉지를 구겨버린다. 문득 어떤 사실을 발견한다. 감자칩 봉지는 구겨졌지만, 작은 가루 하나 없이 냄새만 있는 감자칩 봉지의 내부는 사라지지 않는다. 아무리 비관하려 해도 미래의 낙관은 사라지지 않는다. 미래가 영영 오지 않더라도 아니 미래가 영영 오지 않기 때문에 나는 일기를 쓰고 기대를 하고 한껏 비관할 수 있다. 복권은 당첨되었을 수도 있고, 내가 그린 미래 도시는 먼 훗날 위대한 마스터플랜이 될 수도 있다. 아무것도 보이지 않기 때문에 아무거나 볼 수 있다는 신묘한 역설.

  어째서 나는 빈 감자칩 봉지를 대하며 이리도 복잡한 심정이 되는가. 이 아침부터 빈 감자칩 봉지에 우울해지고, 빈 감자칩 봉지를 구겼다가 희망을 발견하게

되는가. 무사히 보내야 하는 하루에 다행히 입장한
처지에. 이 또한 아삭아삭한 감자칩을 씹던, 가루 하나
남지 않게 털어 먹던 과거의 미래라는 사실을 생각하면
실소를 거두기 어렵다. 이것이야말로 미래의 사업. 나는
지금 내가 아가미로 숨을 쉬지 않고 있다는 사실에 그저
감사해야 할 따름이다. 미래의 일은 아무도 모르지만.
누가 알겠는가. 내일 나는 손에 물갈퀴를 달고 귀의
뒤쪽에 아가미가 생긴 채 동해 심중을 헤엄치게 될는지.
그보다는 복권 당첨이 더 기쁜 일이겠지만, 멀리까지
헤엄칠 수 있다면 그것도 나쁘지는 않겠다.

나의 미래는,

슬프게도 뒤를 이을 문장이 없다.
미래의 문제는 여기에 있다.
알 수 없고 그러므로 알려 하지 않는다.

나는 같은 자리에 있다.
가는 것은 과거고 오는 것은 미래다.

하지만 미래는 없다. 미래는 오지 않았다.
미래는 오지 않기에 아름답다. 과연 미래가 올지,
온다 해도 아름다울지 어떨지, 실은 나도 모른다.
내가 몰라도 미래는 영영 오지 않는다.
다가가면 멀어지고 물러나면 가까워지는
무지개처럼 미래는 나와 일정한 거리를
유지한 채 다가오지도 멀어지지도 않는다.
한편 미래는 떼어낼 수 없는 그림자와 같기도 하다.
나는 미래를 믿는다. 미래는 분명히 오리라.
그리고 지나가리라.

단 하나의 책장

　아침 비 오는 창밖 희부연 빛이 뒤덮은 책장이
납빛으로 빛날 때 나는 묘한 설렘과 공포를 느꼈습니다.
책장은 나의 가능성이며 절망입니다. 책장은 갖가지
책들로 나를 유혹합니다. 책장은 책들의 실재적·상징적
무게를 고스란히 전달합니다. 책장은 내 하루의 시작이고
끝이며 언제나 고요합니다. 나를 가만두지 않으며 어쩔
줄 모르게 만드는 것도 책장입니다. 나의 탐욕이자

나를 겸손하게 만드는 책장. 오늘은 책장에 대해 쓰고 싶습니다.

   책장은 책을 꽂아두는 곳으로 가구이면서 장소입니다. 나는 책장으로 가 책을 꽂아두고 책을 꺼내어 책장으로부터 멀어져 책상에 닿습니다. 책장에는 외계와 내계로 가는 문이 있습니다. 그럴 때 책장은 상징입니다. 상징적 나무 가구에는 아무도 없고 모두가 있습니다. 책장은 나를 환영하지 않습니다. 그렇다고 밀어내는 것도 아닌 기분입니다. 책장에서는 어떤 일도 일어나지 않습니다. 사건은 나의 몫입니다. 그러므로 그럼에도 경건해지는 마음도 책장 앞에서 가능한 일입니다.

   책이 아닌 다른 물건을 올려두면, 책장은 책장이 아니라 장식장이 되어버린다고 생각합니다. 나무로도 만들고 쇠로도 만드는 책장의 본질은 그러므로 책이고 책이 아니고서는 책장은 책장이 아니게 된다는 의미입니다. 물론 빈 책장이라는 표현이 가능함을 우리는 압니다. 하지만 빈 책장은, 책을 의식하고 있지요. 책이 없거나 있을 예정이어서 빈 책장. 책이 있을 때에도 책장은 빈 책장이 되곤 합니다. 책장은 언제나 가득하고 텅 비어 있습니다.

  책장은 둘러놓는 가구이기도 합니다. 책장은 복판에 놓이지 않습니다. 복판에 놓일 때도 있지요. 복판에 책장을 두면 그만큼의 벽이 생깁니다. 그래서 우리는 책장을 복판에 놓지 않습니다. 늘 벽에 붙여놓는 책장. 때론 벽이 되곤 하는 책장. 나는 평생을 책장에 둘러싸여 살았습니다. 감히 몸의 일부처럼 여기기도 합니다. 기관器官으로서의 책장. 그러므로 나는 책장에 나의 바람을 꽂아두곤 합니다. 책장에 꽂혀 있는 책은 다 읽은 책이 아니라 앞으로 읽을 책들이다, 라는 말이 있지요. 평생 읽어도 다 못 읽을 나의 책들.

  어릴 적 나의 책장에는 미닫이 유리문이 달려 있었습니다. 여간 성가신 게 아니었지요. 도대체 책장에 문 같은 건 왜 달아놓은 걸까. 그 이유를 요즘은 압니다. 나는 내 방 책장에, 할 수 있다면 내가 운영하는 서점의 모든 책장에 문을 달아놓고 싶습니다. 말이 나와서 하는 말인데 책장에 쌓인 먼지 닦이란 참 번거롭지요. 교묘한 틈새가 많은 데다가 또 어찌나 자주 쌓이는지 잠시만 신경 쓰지 않아도 두툼해지곤 하는 먼지. 걸레를 들고 구석구석 닦다 보면 그 옛날 유리문이 달린 책장이 그리워집니다.

    사면을 책장으로 둘러놓은 내 방을 가져본 적이 있습니다. 꾸며놓을 때는 뿌듯했는데, 여름이 오고 모기가 나타나기 시작한 뒤로는 무언가 잘못되었다 싶어졌지요. 언제나 보이는 것에는 다른 면모가 숨어 있습니다. 우리가 잊지 말아야 할 사실은, 책장에는 보이지 않는 구석이 뜻밖에 많고 책장의 보이지 않는 구석에는 뜻밖의 많은 것들이 살고 있다는 거죠. 당장 책장 아래 30센티 자를 넣고 밀어보면 알 일입니다. 권하고 싶지는 않아요. 지난겨울 대청소 때 찾아낸 것들 중에는 눈물 나게 만드는 것도 있긴 했지요.

    일본의 저널리스트 다치바나 다카시는 읽을 책들을

책장에 꽂지 않는다고 말합니다. 읽어야 하니까 책상 위. 읽은 책들은 책장 속에. 그렇게 쌓인 책들로 빌딩을 지었다고요. 연이어 놓으면 700미터에 달한다는 그 건물 속 책장과 7만 권이 넘는다는 장서들을 상상합니다. 부럽기는커녕 그저 그 책장의 먼지는 누가 닦나. 그런 생각뿐입니다. 물론 내게도 이상적인 책장에 대한 계획이 있습니다. 단 하나의 책장. 그 책장에는 내가 필요한 책들만 있고 나머지는 어디엔가 있습니다. 어딘가에 있을 책에 대해서는 생각하지 않기로 합니다. 지금 나는 단 하나뿐인 한 개의 책장에 대해서만 생각하고 있습니다. 제법 크고 우아하며 거기에는 미닫이 유리문이 달려 있습니다. 어디선가 본 것 같은 건 기분 탓이겠지요.

단 하나의 책장.
그 책장에는 내가 필요한 책들만 있고
나머지는 어디엔가 있습니다.
어딘가에 있을 책에 대해서는
생각하지 않기로 합니다.
지금 나는 단 하나뿐인
한 개의 책장에 대해서만 생각하고 있습니다.

책장은 나의 가능성이며 절망입니다.
책장은 갖가지 책들로 나를 유혹합니다.
책장은 책들의 실재적 상징적 무게를
고스란히 전달합니다.
책장은 내 하루의 시작이고 끝이며
언제나 고요합니다.
나를 가만두지 않으며
어쩔 줄 모르게 만드는 것도 책장입니다.
나의 탐욕이자 나를 겸손하게 만드는 책장.

슬그머니 나타나 가만히 사라지는

나는 혼잣말이 많은 편에 속한다. 아주 많은 편인지도 모른다. 혼잣말을 하는지 어떤지 사실 나는 모른다. 주변에서 그렇다고 말해주니까 그런가 보다, 하는 것이다. 이따금 스스로 눈치챌 때도 있다. 어떤 일에 몰두하다 긴장이 풀릴 때, 나는 나의 혼잣말을 듣는다. 그러면 주변을 살핀다. 누가 엿들은 건 아닌가 부끄러워서. 나 자신도 인지하지 못하는 나의 말은 날것의 말이다. 비밀의 말이다. 누가 들어선 안 되는 말이다. 혼잣말은 혼자만의 것이다.

혼잣말은 잠꼬대와 다르다. 잠꼬대는 내가 말하지만 내가 듣는 말이 아니다. 혼잣말은 내가 말하고 내가 듣는다. 비록 의식하지는 못할지라도 내가 나에게 말을 건다. 그때의 말은 주의이기도 하고 독려이기도 하다. 농담이거나 흰소리일 때도 있다. 아마 그럴 것이다. 정확히는 모른다. 나는 내가 하는 말을 잘 듣지 않는다. 그렇게 생각하면 나에겐 사려 깊은 나와 고집 센 내가 있는 셈이다. 사려 깊은 나는 고집 센 나 때문에 속상할까. 아마 그럴 것이다.

'비 맞는 중놈마냥 중얼거린다' '비 맞은 중 담 모퉁이 돌아가는 소리' 모두 낮은 소리로 중얼거리는 불평불만을 비유적으로 표현한 속담이다. 연상이 잘 되지는 않는다. 스님은 불평불만을 큰 소리로 말하면 안 되나. 부처의 덕에 어긋나는 일인가. 유래를 이리저리 찾아보았지만 뾰족한 답은 알아내지 못했다. 비 오는 날 절에 찾아가면 알아낼 수 있을지도 모른다. 이 속담은 어머니가 내게 종종 사용하곤 하는 것이다. 내가 혼잣말을 하고 있을 때면 흔들어 깨우듯 말씀하신다. "비 맞는 중마냥 중얼중얼, 중얼중얼, 그러지 말고 속 시원히 말해봐!"

   하지만, 앞서 말했듯 혼잣말은 혼자만의 말이다. 나 말고 다른 사람이 들어서는 안 되는 말이다. 그것이 불평불만이든 주의나 독려나 농담이나 흰소리이든, 오직 나만을 위해 생산되고 해소되어야 한다. 속 시원할 사람이 있다면 오직 나뿐이다. 어쩌면 나는 혼잣말을 함으로써 나의 외로움을 적극 해결하는지도 모르겠다. 당장 혼잣말을 해보려 해도 그것은 혼잣말이 아니다. 혼잣말은 혼자서 해야 한다. 혼잣말을 구현해보려고 하면 듣는 내가 귀를 쫑끗 세운다. 그 말을 들으려고. 들으려고 의식하는 나는 내가 아니다. 타인이다.

   어쩌면 사랑에 빠진 상태는 혼잣말의 상태와 유사할지도 모른다. 사랑은 혼자서 하는 게 아니지만 혼자서 한다. 사랑은 나에게도 이해받지 못한다.

혼잣말도 그러하지 않은가. 말은 혼자서는 성립되지 아니하지만 혼자서 한다. 혼잣말은 나 스스로에게도 인정받지 못하는 말이다. 버린 말이다. 나는 〈버린 말〉이라는 시를 쓴 적이 있다. 첫 번째 시집에 실려 있다. 그 시를 다시 한 번 찾아본다. 쓰고 실을 적에는 미처 몰랐지만 혼잣말과 사랑에 대한 시였다는 것을 깨닫는다. 그러게. 혼잣말 같은 사랑을 하던 시절이 있었다. 다시 한 번 마음이 아프다.

　쓰기 또한 혼잣말이다. 쓰기에 앞서 막막해지는 이유는 혼잣말이어서다. 쓰기에 몰두할 때면 나는 내가 무슨 말을 하는지 잊는다. 쓰는 나만 남고 읽는 나는 사라져버린다. 내가 나를 두고 적어갈 때에 설득을 원하느냐 설득이라는 것을 포기하느냐에 따라 시詩와 비시非詩가 나뉜다고 생각해보면 어떨까. 그럴듯하다. 나는 시를 쓸 때 그것이 혼잣말이며, 그 누구도 들어서는 안 되는 말이라는 사실을 알고 있다. 그래서 매번 시 쓰기는 부끄럽다. 한편 시 읽기의 즐거움은 다른 이의 혼잣말을 듣는 데에서 온다. 맥락이 사라져버린 채 드러나는, 오고야 마는 말. 거기엔 기묘한 흥분과 설렘과 아름다움이 있다.

   어제 나는 몇 번의 혼잣말을 했을까. 오늘 나는 몇 번의 혼잣말을 하게 될 것인가. 그 말은 어떤 내용을 담고 있었을까. 담게 될까. 실은 궁금하지 않다. 혼잣말은 내버려두자. 저 혼자 자라고 저 혼자 소멸되도록. 혼잣말은 과거의 회상이 아니다. 미래의 예언도 아니다. 당장에 존재한다. 오직 지금의 말이다. 현재의 내가 현재의 나에게 하는 말이다. 오직 나만이 이해하고 있는 상태이다. 오늘 아침의 혼잣말은 잘해보자, 일지도 모르겠다. 요즘 잘 못하고 있으니까. 어디까지나 가정이다. 오늘의 첫 혼잣말은 슬그머니 나타나 가만하게 사라져버릴 것이다.

사랑에 빠진 상태는
혼잣말의 상태와 유사할지도 모른다.
사랑은 혼자서 하는 게 아니지만 혼자서 한다.
사랑은 나에게도 이해받지 못한다.

혼잣말은 내버려두자.
저 혼자 자라고 저 혼자 소멸되도록.
혼잣말은 과거의 회상이 아니다.
미래의 예언도 아니다.
당장에 존재한다. 오직 지금의 말이다.
현재의 내가 현재의 나에게 하는 말이다.
오직 나만이 이해하고 있는 상태이다.

울먹이는 기분

 어젯밤 일이다. 옥을 따라 계단을 내려가 입구에 섰다.
옥과 나는 마주 섰다. 옥과 나에게 한 발짝 반만큼의
사이가 생겼다. 그럴 땐 무슨 얘기를 해야 할지 모르겠다.
정확히는, 어떻게 헤어져야 하는지 모르는 게지. 잘 가.
잘 있어. 또 보자. 같은 인사는 진작 나누었고 잠시 침묵.
괜히 손을 내밀었다. 옥이 그 손을 가만 맞대어주었다.
은연한 반짝임이 잠시 있었다, 사라졌다. 그제야 옥과

나는 안심하고 헤어질 수 있었을 것이다.

 오늘 아침 출근을 위해 버스를 기다리면서 잠깐 나는 어제의 반짝임을 생각했다. 오전의 햇빛이 나뭇잎 사이로 비쳐 들었기 때문이다. 어떤 인과는 아무런 개연성도 없이 자연스럽다. 어떤 사이는 대책 없이 허술하며 충분하다. 이럴 때의 단어가 있는데. 그게 뭐였더라. 요즘은 자주 단어를 잊지. 나이 탓이란다. 나는 나이를 먹었어. 그러면서 그 기준을 떠올리는 쪽으로 생각의 방향을 회전시켰다. 제법 멀리 왔는데 그 기준을 언제로 삼아야 하는지 모르겠다.

 이 또한 사이가 될 수 있을 것이다. 나무의 가지와 가지의 사이처럼. 각자 자라나서 나란히 놓인 가지. 각각 다른 나이를 가지고 있을 것이나, 가지마다 쌓인 시간은 의미가 없을 것이다. 가지가 쌓아온 생애, 볕과 비와 눈과 수시로 변화하는 온도나 바람 속에서 켜켜이 뻗어낸, 의지와 노력을 무시하려는 게 아니다. 가지는 하나의 현상이어서, 자신의 몸으로 울창한 생을 증명하고 있어서 나는 그렇게 생각한다. 그러니까, 열 살의 나나 열여덟의 나나 스물, 서른의 나나 지금에 이른 나나 각자의 시간을 가지고 있고 비교의 대상이 되지 못하며 그럼에도 서로에게 끊임없이 관심을 가지고 참견하며 살아간다. 그리고 그 사이. 열 살의 나와 스무 살의 나 사이, 열 살 나와 스무 살 나가 만든 사이를 가로지르는 마흔 몇 살의 나 사이 볕처럼 관조의 고요가 비껴든다. 가만히 손을 뻗어 맞대어보는 기분. 분명 이런 의미를 가진 단어가 있었는데 생각이 나질 않는다. '그러나 떠오르지 않는' 단어를 찾으려고, 그럴 때 나는 눈을 감고 여기를 지우고 다른 시간으로 간다. 단어가 있는 시간으로 간다.

  계절은 이맘쯤이 좋겠다. 시간도 지금 이때쯤. 나는 앉아 기다리고 있다. 당신을. 당신과 나는 왜 만나려는 것일까. 만나 무얼 하려는 것일까. 기억이 나지 않는 걸까, 중요하지 않아서 개의치 않는 걸까. 하여간 나는 기다린다. 당신을. 보이는 것들을 보고 들리는 것들을 듣는다. 오직 보고 듣는 일에만 관심을 두고, 어느새 나는 기다리는 것도 잊었다. 거기 단어가 있다. 이대로 끝없이 기다릴 수도 있을 것만 같다. 그런 단어.

    눈을 감고 여기를 지우고 단어가 사는 시간으로 가는 일은 슬프다. 눈을 떠보면 단어는 없고 당신은 오지 않는 버스 안이어서 슬프다. 버스는 좁은 터널을 통과하고 있다. 이대로 나는 그 단어를 영영 잃은 것만 같은 기분에 사로잡힌다. 당신을 잃어버린 것처럼.

    어쩌면 늙는다는 것은 단어를 잃어가는 과정일지도 모른다. 그사이, 나는 또 몇 개의 단어를 잃어버렸던가. 어떤 단어들은 다시는 내게 돌아오지 않을 것이다. 돌아오지 않는 단어들은 떠오르지 않아서 나는 사라진 줄도 모르고 살겠지.

    풀이 죽은 채 버스에서 내려 걷는 길. 나는 우뚝 멈춰 선다. 우수수 자라난 은행나무 아래서. 그 아래 그늘 속에서. 세발자전거를 열심히 밀고 가는 어린아이를 본 것처럼 단어가 제 열심을 드러내고 있었다. 이리도 작은 단어였던가. 눈앞에 두고도 그리워져서 잠시 나는 울먹이는 기분이 되었다. 살그머니 나타나 곧 사라지려는, 그 단어는 볕뉘였다.

눈앞에 두고도 그리워져서

잠시 나는 울먹이는 기분이 되었다.

어쩌면 늙는다는 것은

단어를 잃어가는 과정일지도 모른다.

그사이, 나는 또 몇 개의 단어를 잃어버렸던가.

어떤 단어들은 다시는 내게 돌아오지 않을 것이다.

돌아오지 않는 단어들은 떠오르지 않아서

나는 사라진 줄도 모르고 살겠지.

창밖의 일

카페는 휘휘하다. 아무도 없는 듯. 하지만 둘러보면
책을 읽고 있는 사람이 하나. 역시 아무도 없는 셈이다.
책을 읽는다는 건 지금 여기에 없다는 의미이니까.
여기에 없는 저 사람에게 등을 돌려 앉아 잔을 들어
커피를 한 모금 마신다. 잔 표면에 맺혀 있던 물방울이
종이 위로 떨어진다. 종이에 적어놓은 'imiari'가 번져
옅어진다. 적어놓은 'imiari'와 번져 옅어져버린 'imiari'와

'모방하다'라는 의미 사이 개연성이 있지 않을까, 눈을 가늘게 떠보지만 아무것도 찾지 못한다. 그 순간, 창밖으로부터, 아이들의 소란이.

 '창밖'은 세 종류가 있다. 닫힌 창밖, 열린 창밖, 기억 속의 창밖. 물론 나는 세 가지 창밖을 모두 좋아한다. 방금 지어낸 생각이지만, 거기 창밖만 있다면 아무래도 좋을 것 같다. 한때 나는 나의 장래 희망을 창밖에 두었다. 최소의 노동만 하면서 창밖을 구경하는 삶. 그런 일이 가능하다면 더 바랄 것이 없겠다 싶었다. 그리하여 적당한 장소를 상상했었다. 병맥주로 가득 찬 냉장고와 커피메이커 세 대, 테이블 몇 개와 의자 여러 개가 전부인 카페.

 손님들은 알아서 커피메이커 속 커피를 따르거나 냉장고에서 맥주를 꺼낸다. 그들이 떠날 적에 계산을 돕는 것 말고 나는 아무 일도 하지 않을 생각이다. 아니, 그 카페에서 나는 턱을 괴고 있을 것이다. 창밖을 구경하면서 천천히 남은 삶을 탐진하며 죽어갈 것이다. 지금 내 책장에 꽂힌 책들은 그때를 위해 마련해두었다. 아무리 창밖을 좋아해도 가끔 지루해질 때도 있을 테니까. 밤 9시가 되면 나는 가게의 불을 끄고 가게 2층의 내 작은 집으로 돌아가야지. 주말에는 가게 문을 열지 않는다. 주말 동안 나는 다른 창밖을 보기 위해 여행을 떠난다.

  아이들의 소란은 그치질 않는다. 무슨 말을 이토록 소리 높여 떠드나. 귀를 세워보아도 여럿이 떠드는 언어는 분절되지 않는다. 여자아이들과 남자아이들이 야유와 환호를 뒤섞어가며 자신들의 입장을 주장하는 모양이다. 나는 창밖, 열린 창밖을 내다보지 않는다. 열린 창밖의 소란에 참여하지 않는다. 내다보지 않음으로써 나는, 기억 속 창밖을 내다볼 수 있다. 기억 속 창밖에는 신주머니를 든 어린이들이 목청껏 자신의 주장을 외치고 있다. 무리 속에는 나도 있다. 두꺼운 안경을

끼고 남색 신주머니를 빙글빙글 돌리며. 나는 안다. 곧 그 신주머니에서 실내화 한 짝이 날아간다. 날아간 실내화 한 짝이 앞서 가던 여자애 뒤통수를 때린다. 여자애는 울음을 터뜨린다. 다른 여자애들이 우는 아이를 둘러싸 위로하며 그중 몇몇은 어린 나를 힐난한다. 나는 학년이 바뀔 때까지 사과를 하지 못한다. 친하게 지내고 싶었는데. 여태 미안하다.

 닫힌 창밖은 겨울 창밖. 내가 없는 풍경이란 얼마나 시려운지. 닫힌 창문에 손을 대어본 사람이라면 알 것이다. 겨울 창밖은 내내 나를 지우다가 이윽고 어두워지면, 어둠은 또 얼마나 이르고 서툴게 찾아오는지, 실은 감춰두었던 나를 꺼내어 보여준다. 거기 어둡고 흐리게 되비치는 나는 참으로 쓸쓸해서 나는 겨울 창밖을 아끼지 않을 수 없고 좋아하기도 글렀다. 겨울 창밖에 대해서라면 또 나는 얼마나 할 말이 많은지. 내가 당신을 만난 것도 겨울이다. 그 겨울 나는 유독 창문 앞에 오래 서서 나를 잊은 창밖과 나를 꺼내어놓는

창밖을 바라보았다. 유리琉璃적 유리遊離. 투명함이란
무언가 있다는 의미이다. 나는 참으로 투명했다.

  어느새 아이들의 소란은, 찾아올 적처럼 감쪽같이
사라져버렸다. 아이들은 또 어느 창밖에서도 떠들다가
이윽고 각자 자신의 창 안쪽으로 흩어져버렸을 것이다.
무슨 일이 있었는지 까맣게 까맣게 잊을 것이다. 하지만
아쉬워하지 말거라. 너희들은 어느 날 또 어떤 저녁
창밖에서 어린 너희의 소란을 만나게 될 것이다. 창밖을
내다보아도 좋고, 그 소란에 끼어들어도 좋을 일이나,
창밖의 일은 창밖의 일이고 그 모든 것은 지나가고 말
뿐이라는 사실만큼은 잊지 않았으면 좋겠다.

한때 나는 나의 장래희망을 창밖에 두었다.
최소한의 노동만 하면서 창밖을 구경하는 삶.
그런 일이 가능하다면 더 바랄 것이 없겠다 싶었다.

창밖을 구경하면서 천천히
남은 삶을 탕진하며 죽어갈 것이다.

너희들은 어느 날 또 어떤 저녁 창밖에서
어린 너희의 소란을 만나게 될 것이다.
창밖을 내다보아도 좋고,
그 소란에 끼어들어도 좋을 일이나,
창밖의 일은 창밖의 일이고
그 모든 것은 지나가고 말 뿐이라는 사실만큼은
잊지 않았으면 좋겠다.

흐름

 출근하고 보니 바닥에 물이 흥건하다. 찰박찰박 더듬어 원인을 찾는다. 차가운 물 끝에 에어컨이 있다. 가방을 벗어놓고 일단 신문지를 찾아 깐다. 죄 젖어 있다. 그러나 정작 눅눅한 건 나의 입장이다. 어쩌나. 곧 여름인데. 벌써 더운데.
 깊이 생각해볼 것도 없이 모든 것은 흐름 위에 있다. 어젯밤이 흘러 아침이 되었고 아침 식사가 내부를 흘러

점심 식사를 부른다. 나는 에어컨 앞까지 흘러왔다. 에어컨의 물은 제대로 흐르지 못했다. 덩달아 나도 어디로 더 찾아가야 할지 방향을 잃었다. 그러니 고장이다.

까닭과 도리의 흐름이 고故에 있다. 이를 자연이라고 하자. 내가 생각하기에 자연은 자연스럽지 않을 때 드러난다. 까닭과 도리의 흐름을 가로막는 힘이 장障이다. 단단한 벽이다. 고장故障은 비-자연이다. '길을 잃는다'니 자연스럽지 않다. 자연에 그런 일은 없다.

고장이란, 어떻게 해보려는 마음이다. 어떻게 해보고 싶어서 사람은 이해에 골몰한다. 시작을 되짚고 결과를 매만진다. 그 모든 일에 앞서 골똘히 바라본다. 고장 난 에어컨 커버를 열고 그 내부를 물끄러미 바라본다. 에어컨의 내부는 에어컨의 임무에 완전히 복속되어 있다. 나는 내부에서 어느 것 하나 에어컨이 아닌 것이 없음을 확인한다. 완전한, '신체 없는 기관'이 있다면 그건 에어컨이 틀림없다고 중얼거린다. 커버를 덮는다.

고장은 상태다. 고장에는 아무런 의미가 없다. 고장은 의도가 아니다. 그러므로 고장에는 악의가 없다. 그런데 나는 분개한다. 내 분개가 노려보는 대상은 무엇일까. 목적을 찾지 못한 화는 반드시 돌아오지. 나는 시간과 공간을 초월해 있는 나를 노려보고 있구나. 나는 어쩔 줄 모르고 에어컨에서는 물이 흐르고 고장은 비-자연에서 자연으로 가려 한다. 나는 고장의 덜미를 잡아채기 위해서 전화기를 든다.

고장의 가장 큰 적은 오해일 것이다. 악의가 아닌 고장은, 이해의 손길을 기다리고 있는 것이다. 마침내 원리가 등장한다. 에어컨에서 찬바람이 나오는 이유와 에어컨에서 물이 새는 이유와 새어나온 그 물이 바닥을 따라 흐르는 이유를 이해하는 일의 사이. '사이'에는 복잡한 계산이 아닌 덧셈과 뺄셈이 있고 거듭을 피하기 위해 곱셈이나 나눗셈이 있을 것이며 지금 나의 처지는 고장을 나무라기 전에 고장을 쓰다듬는 사람이 필요하다.

에어컨 수리 기사가 오기까지 조금 시간이 남았으니

나는 고장에 대한 나의 태도를 고백해볼까. 나는 까닭과 도리의 흐름에 대해 과민하다. 그 모든 일이 없는 듯한 상태를 애정한다. 아무런 할 일도 없을 때 어떠한 책임의 필요를 느끼지 않을 때 나는 완전히 개인으로 몰입하며 그 좁은 곳에서 행복하다. 즐거운 모순이 하나 있다. 고장 속으로 들어가는 일이다.

나는 어떤 면에서 고장을 좋아한다. 고장을 해결하려고 노력할 때 찬찬히 고장을 따질 그럴 때의 애씀 또한 나를 오롯한 개인으로 있게 한다. 착오 착수 다시 착오 다른 착수를 거듭하여 해결 혹은 해결 직전의 좌절을 즐거워하지 않을 방법이 없다. 에어컨 기사가 도착하기 전까지 그러므로 나는 갖은 노력을 해보았다. 에어컨 펌프를 교체한다든가, 배수관에 기나긴 철사를 넣어 좁아진 구멍을 뚫어보려 했다든가 그러느라 다른 일에는 손도 대지 못했다. 그동안 들인 기회비용에 대해서라면 나는 침묵하기로 한다. 실제로 나는 소위 '삽질', 순화해 헛수고를 아까워하지 않는다. 아마, 기계의 고장은 묵묵히 기다려주어서, 낭비를 낭비로 여기지 않는 것일 테다. 뿐만 아니라 이해에는 시간과 공이 들지 않던가. 덕분에 나는 에어컨과 더할 나위 없이 친숙해지고 말았다.

    에어컨 수리 기사가 다녀가고, 그간의 오해를 바로잡은 뒤, 아무런 문제없이 에어컨이 작동하고 있는 지금 나는 대책 없이 허전한 마음이 되고 만다. 사흘 내내 고장을 고장 아닌 상태로 만들기 위해 들인 시간이 에어컨과 나 사이를 가깝게 만들었다. 덕분에 나는 지금도 서너 시간에 한 번씩 고고故故하게 에어컨을 들여다본다. 까닭과 도리는 한없이 자연스러운 흐름을 얻었고 더 이상 장障이라는 벽은 존재하지 않게 되었다. 에어컨은 에어컨이 되었다. 다른 무언가로 부를 수 없게 되었다. 나 역시 고장의 상태에서 자연의 상태로 돌아갈 때이다.

고장이란, 어떻게 해보려는 마음이다.
어떻게 해보고 싶어서 사람은 이해에 골몰한다.
시작을 되짚고 결과를 매만진다.
그 모든 일에 앞서 골똘히 바라본다.

산책

신비는 가까운 곳에 있다. 너무 지척인지라 뜻밖이다 싶은 곳에. 점심을 먹고 나와보니 날이 개어 화창하다. 손에 든 우산에선 아직 빗물이 떨어진다. 나와 k는 멀뚱히 하늘을 본다. 구름 하나 없이 새파랗다. 이 무슨 변덕인가. k는 어깨를 한 번 으쓱할 뿐이다. 이런 일상의 신비. 비가 내리면 그치는 법이며, 오전과 오후의 날씨가 같아야 한다는 법도 없으니 우리는 순순히 걷기 시작한다.

가까운 신비란 또 금방 일상으로 편입되고 만다. 비 덕분에 바람도 선선하고 그러니 k, 우리 조금 더 걸을까. 우리는 목적지까지 빙 둘러 가는 길을 택한다.

  골목 안 모든 것이 반짝이며 물기를 말리고 있다. 머지않아 더워지겠지. 산책을 택하기를 잘했어. 내 쪽을 돌아보던 k의 발이 얕은 웅덩이에 빠지고 말았다. 하얀 운동화에 검은 얼룩이 생겼지만 k는 흘깃 내려다보았을 뿐 개의치 않는다. 나는 그런 k의 성격을 좋아한다. 알고 지내는 동안 나는 그가 화를 내는 모습을 본 적이 없다. 어지간한 일에는 눈 하나 깜짝하지 않는다. 그와 대화를 나누다 보면 사람마다 마음의 넓이가 다른 것이 분명하다는 확신을 갖게 된다. 나로 말할 것 같으면 더없이 좁다. 이러다 없어지는 것 아닐까 우려될 정도로.

  골목을 빠져나와 큰길로 접어든다. 우리처럼 점심 식사를 마친 사람들이 삼삼오오 무리를 지어 걸어간다. 하나같이 커피를 들고서 따분한 오후 업무가 기다리는 사무실 쪽으로. 나는 자영업자이며, k는 얼마 전부터 백수. 덕분에 우리의 걸음은 느긋하다. 굳이 커피를 들고 다닐 이유도 없다. 가는 길에 맛 좋은 커피숍이 있어. 들러서 마시고 갈까. 그러자. k는 상대의 뜻을 거스르지 않는다. 무언가를 결정해야 할 때는 단호하지만. 정말 부러운 성격이다. 화창한 날씨에 딱히 할 일도 없고, 갈 곳이 있으며 좋아하는 친구와 걷는 참 멋진 오후다.

   그렇지 k. 하고 돌아보는데 k가 없다. 뒤를 돌아보니 우뚝 멈춰 있다. 나는 k에게로 돌아간다. 무슨 일이야. 나는 k가 바라보는 쪽을 본다. 공중전화 부스다. 공중전화기가 있다. 예전만큼 흔하지는 않지만 딱히 시선을 끌 만한 것도 아니다. 그러다 나는 눈치를 채고 웃는다. 송수화기가 전화기 위에 올려져 있다. 누군가가 급히 전화기를 썼다는 의미이다. 통화를 마치고도 잔액이 남아 있다는 뜻이다. k가 가까이 가서 보더니 150원이 남아 있다고 알려준다. 요즘 전화 한 통 요금이 얼마인지 나도 k도 모른다.

   얼마였더라. 세상에. 잊어버리고 말았다. 시외 통화면

몰라도 100원 정도면 충분하지 않았나. 100원 정도라니. 그 100원이 없어서 공중전화마다 기웃거렸는데. k는 사람 좋게 웃음을 짓는다. 그랬다. 공중전화는 어디든 있었다. 마침 송수화기가 올려져 있으면 일단 집어 들고 봤다. 친구들 집 전화번호를 몽땅 외우던 시절이다. 할 말도 없으면서 전화를 걸어 이런저런 이야기를 나누다 동전이 다 떨어지면 서둘러 끊어야 했다. 그것도 낭만이라면 낭만이지만 불편해서 어떻게 살았나 몰라.

  우리는 150원을 두고 어떻게 할까 토론을 한다. 그냥 두기로 한다. 휴대전화를 잃어버려 다급한 누군가가 있을지도 모른다. 그의 주머니에 동전이 있을 확률은 제로야. 에이. 요즘은 신용카드로도 통화가 될걸. 우리는 150원이 남은 공중전화를 떠나 다시 걷는다. 그사이 좀 어려진 기분이다. 그만큼 나이가 들었다는 거겠지. 예전엔 약속이라는 게 있었는데. 몇 시에 어디서 만나자. 5분을 기다리고 10분을 기다리고 그래도 오지 않으면 상대의 집에 전화를 걸었다. 가진 거라곤 시간뿐이던 시절이었다.

　난 두 시간을 기다린 적도 있어. 짝사랑이었구나? 맞아. 그래서 어떻게 됐어. 두 시간이 지나서도 오지 않아서 집으로 돌아갔지. 의사 표현 한번 확실하군. 그래서 좋아했지. 나는 낄낄 웃으면서 실은 나도 같은 경험이 있었다고 고백한다. 불현듯 공중전화 부스에서, 송수화기를 붙들고 울던 기억이 떠올랐다. 그건 또 어떤 사연이었더라. 흘깃 k를 본다. 그 역시 골똘해져서 말이 없다. 어쩌면 k. 너도 나와 비슷한 추억이 있었던 거로구나. 그런 기억은 입 밖으로 꺼내는 순간 아무것도 아니게 된다. 그래서 우리는 한동안 입을 다문다.

　커피숍은 한적하다. 꽤나 고풍스럽네. k는 스무 평 남짓한 내부를 둘러본다. 어쩐지 카운터에 가면 성냥이 있을 것 같은데. 그럼 테이블에 재떨이도 있을 테고. 아직 쉰도 안 되었으면서, 아까부터 우리는 추억 놀이 중이다. 이러다 정작 노인이 되면 그땐 무슨 얘기를 하려고. 지금 얘기를 하겠지. 손님 없는 가게의 주인이었던 사람과 백수였던 사람이 점심을 먹고 공중전화기 근처를 기웃거리다 고풍스런 분위기의 카페에 앉아 커피를 마신 이야기. 그렇네. 지금은 또 과거로 흘러가는 중이다. 우리가 미래로 나아가는 중인가. 어느 쪽이든 애틋하네.
  k는 적어도 10년은 더 되어 보이는 소파의 팔걸이를 매만지고 있다가, 헤이즐넛을 시켜야 했나 중얼거려서 나를 웃긴다. 그만. 이제 그만하자. 너무 멀리 가려 한다. 우리. 요즘 사는 얘기나 하자. 나는 얼마 전 초고를 마친 산문집에 대해서, 서점을 자주 찾아오는 단골들에 대해서, 며칠 전 강연 중 있었던 일에 대해서 들려준다. k에게는 별일이 없다. 슬슬 새 직장을 찾아봐야 하는데 마땅한 자리가 없네. 도무지 흥이 안 나서. 사실 우리 나이가 좀 애매하지. 하고 말꼬리를 흐린다. 마음이 넓은 이에게도 걱정은 깃든다.
  커피를 다 마시고 둘 사이에도 더는 할 말이 없다. 더 오래전에는 이보다 자주 만나도 할 말이 많았다. 낡아가는 건 우리일지도 몰라, k. 하지만 나는 이 말을 꿀꺽 삼켜버린다. 그런 말을 했다간 돌이킬 수 없이 떠내려 가버릴지도 모른다. 어차피 그렇게 되게 되어 있다. 나머지는 시간에 맡기자. 나는 창밖을 본다. 창밖은 여전히 화창하고 이제는 울창한 나무들이 그늘을 흔들고 있다. 테이블에 올려 두었던 휴대전화가 몸을 떤다. 나는 발신자를 확인하지 않는다.

   그러나 k는 상대방의 입장을 헤아릴 줄 아는 사람이다. 너 들어가봐야지. 하고는 화장실에 다녀올게. 자리에서 일어난다. 나는 그가 나무 기둥을 돌아 화장실에 들어가는 모습을 본다. 다시 창밖을 본다. 눈부신 나이의 두 사람이 힘껏 내달려 횡단보도를 건너고 있다. 양산을 든 사람이 한들한들 걸어간다. 신기하고 멋진 오후가 절정에 다다르고 있다. 곧 여름이다. 나는 k와 내가, 우리가 함께 지내온 여름들을 추억한다. 좋은 일도 있었고 운이 없던 때도 있었다. 아무튼, 어떻게든 나아가고 있다. 힘껏. 다른 방향 같지만 저 멀리서 보면 결국 한 점으로 수렴되겠지. 이렇게 나이 들어가는 것도 신묘한 일. k는 좀처럼 화장실에서 나오지 않고 다시 한 번 휴대전화가 몸을 떨기 시작했다.

그와 대화를 나누다 보면 사람마다 마음의 넓이가
다른 것이 분명하다는 확신을 갖게 된다.
나로 말할 것 같으면 더없이 좁다.
이러다 없어지는 것 아닐까 우려될 정도로.

나는 k와 내가, 우리가 함께 지내온
여름들을 추억한다.
좋은 일도 있었고 운이 없던 때도 있었다.
아무튼, 어떻게든 나아가고 있다. 힘껏.
다른 방향 같지만 저 멀리서 보면
결국 한 점으로 수렴되겠지.

편지

　편지 쓰기는 정말 어렵지요. 편지는 독백이고
그러므로 대답이 없기 때문입니다. 그리하여 편지의
'편'은 소식 편便이기도 하지만 한쪽 조각 편片을 쓰기도
하는 것입니다. 대답 없는 독백의 사방은 어둡습니다.
무대 위 배우의 독백을 상상해보지요. 그는 홀로 조명을
받은 채, 자신의 심경을 진심의 형식으로 고백합니다.
(그것이 온전한 진심이 아닌 이유는, 진심이란 어디에도 없고

입에 담는 본인 또한 진심의 행방을 알지 못하기 때문이겠죠.)
그와 같은 글이 편지에는 적힙니다. 편지글은, 그러므로 어디로 나아가야 할지 몰라 주저합니다. 길을 잃은 말. 그것이 편지.

  노련한 편지 작성자들은 말보다 생각을 앞세워 어두운 길을 탐색합니다. 제아무리 노련한 편지 작성자라 해도 온통 구렁투성이인 어둠을 모조리 헤아릴 수는 없는 노릇입니다. 아차, 하는 사이에 글은 엉뚱한 방향으로 흘러가버리고 선택지는 둘뿐입니다. 질끈 눈을 감고 계속 진행하느냐. 편지지를 찢어버리고 새롭게 시작하느냐. 아마, 노련한 편지 작성자들은 후자를 택하겠지요. 하지만 나처럼 미숙한 사람들은 전자를 택하기 마련입니다. 거기에는 여러 이유가 있지만, 무엇보다 하나의 편지지 세트에는 동일한 편지지가 네댓 장만 담겨 있기 때문입니다.

  그럼에도 나는 편지를 쓸 때, 연필을 사용하지 않으려고 합니다. 지우면 그만인 글은 편지에 어울리지 않습니다. 이메일을 편지로 치지 않는 이유도 같습니다. 편지는 되도록 오래 남아 있어야 해요. 편지에게 걸맞은 최후는 오직 불태워지는 거라고 생각합니다. 태워지기 전까지 내가 적은 길 잃은 말들은 '영원히' 한때 백면이었던 편지지 위에서 헤매이고 있을 것입니다. 그런 생각은 머리가 아플 정도로 아찔하지만 어느 한편으론 마음을 따뜻하게 만들곤 합니다.

   그도 그럴 것이 편지에 어울리는 마음은 고심일 테니까요. 옛 마음인 고심古心이며 고될 만큼 애를 쓴 마음인 고심苦心. 그것이 어떤 내용이든 나는 편지를 편히 써본 적이 없습니다. 악필인 데다가, 펜을 능숙히 다룰 줄 여태 몰라서 검지에 펜을 쥔 자국이 선연히 남도록 힘을 주어서도 그렇지만 적당한 말을 고르고 그 말을 부려보았다가 아니구나 거두고 싶어 쩔쩔매는 심정이 또 거기에 있습니다. 결국, 지금껏 나는 나의 편지에 만족을 해본 적이 없습니다. 그저 읽는 이의 착한 마음에 기대어서 나의 독백을 알아들었기를 바랄밖에요.

완벽한 편지 한 통에 대해 알고 있습니다. 이상한 문장이지만 이렇게밖에 적을 수가 없습니다. 나는 그 편지를 읽어본 적 없기 때문입니다. 대학에 다닐 때였습니다. 늦은 밤 집으로 돌아가다가 술에 취한 선배를 만났습니다. 선배는 기분이 아주 좋아 보였습니다. 그 까닭이 궁금했습니다. 선배는 아주 좋은 글을 읽었기 때문이라고 말해주었지요. 한 후배의 소설을 읽었는데, 그 소설은 한 통의 연애편지였고, 자신은 지금껏 그보다 완벽한 편지글을 읽어본 적이 없노라고. 너무 완벽해서 그 글은 소설이 될 수 없었다고. 그래서 술을 마셨다고 그랬습니다. 나는 일어나는 질투심을 감추느라 애를 먹었지요. 그 선배를 딱히 좋아하거나 인정하지 않았는데도요. '완벽한 편지글'이라니. 이미 나는 알고 있었던 게지요. 내겐 그럴 기회가 영영 없으리라는 사실을. 애를 썼다면 그 글을 받아볼 수도 있었을 텐데, 그렇게 하지 않았던 나를 후회합니다. 나는 편지를 쓸 때마다, 아니 편지가 아닌 다른 목적의 글을 쓸 때에도 이따금 내가 읽어본 적 없는, 이제는 읽을 길이 요원한 '완벽한 편지글'을 떠올립니다. 그 편지는 나의 질투심에 의해 불타버렸습니다. 그러니까 최후마저도 거의 완벽했던 것입니다.

며칠 전 근사한 만년필이 하나 생겼습니다. 이것으로 편지를 자주 쓰면 어떨까 하고 생각해보았습니다. 나는 내 생각이 마음에 들어서 당장 편지를 썼습니다. 물론 근사한 만년필이 근사한 편지로 이어지는 것은 아니지요. 그 정도는 저도 압니다. 악필이 나아질 리도 없고 펜 잡는 일에 익숙해질 만큼 시간이 많은 것도 아닙니다. 사실 만년필은 핑계입니다. 편지 앞에선 그 어떤 명분도 핑계에 불과합니다. 다만 나는 나의 적적함과 부실함에서 달아나고 싶은 겁니다. 그러니까, 나는 혼잣말을, 논리도 개연도 없고 당위나 일관성도 갖추지 못한 독백을 끝도 없이 늘어놓고 싶었다는 뜻입니다. 마치 아무나 붙잡고 사랑에 빠지고 싶은 그 괴상한 심정을 아마 당신은 이해해주겠지요. 그리 믿습니다. 사랑하고 존경하는 당신. 나의 말은 길을 잃고도 무감합니다. 길을 잃는 것이 본래의 목적이었다는 듯이.

나는 편지를 쓸 때,

연필을 사용하지 않으려고 합니다.

지우면 그만인 글은 편지에 어울리지 않습니다.

이메일을 편지로 치지 않는 이유도 같습니다.

편지는 되도록 오래 남아 있어야 해요.

편지에게 걸맞은 최후는 오직

불태워지는 거라고 생각합니다.

지금껏 나는 나의 편지에
만족을 해본 적이 없습니다.
그저 읽는 이의 착한 마음에 기대어서
나의 독백을 알아들었기를 바랄밖에요.

일요일 저녁의 기분

　일요일을 기다리는 건 분명 습관이다. 이젠 일요일을 기다릴 이유 따윈 없는데도 토요일 밤이 되면 나는 일요일을 기다리고 있다. 아니 금요일부터. 어쩌면 목요일에도. 아니, 아예 일요일에도 나는 일요일을 기다린다.

　오늘은 꽤 근사한 일요일이었다. 아무런 일도 일어나지 않았기 때문이다. 메일도 메시지도 오지 않았다. 전화 통화를 할 일도 없었다. 급히 처리해야 할 일은 어제 끝내두었다. 그야말로 근사하며 완전하기까지 한 일요일이 아닌가. 조금도 서두르지 않고 서점에 도착하여 얼렁뚱땅 아침 겸 점심 식사를 해결하고 그러고 난 다음 나는 내 앞에 고스란히 놓인 일요일 오후를 두고 두 손바닥을 맞비볐다. 자- 이제 어쩔 것인가.

   자- 이제 어쩔 것인가. 토요일의 다음 날이며 월요일의 전날인 이 일요일. 시계는 낮 1시를 가리키고 있다. 정직하게 따지자면야, 보낸 시간보다 남은 시간이 적지만, 아직 이 일요일은 토요일에 가깝다. 일요일의 이야기에서 월요일의 이야기를 개입시키기는 온당치 않지만 아주 조금만 언급하자면, 일요일이 월요일에 가까워질수록 어쩔 수 없이 마음은 어두워진다. 나는 그 기분을 '일요일 저녁의 기분'이라 부르며 되도록 멀리하려 한다. '일요일 저녁의 기분'에 대한 공포는 어릴 적에 각인된 것인데 '나의 의사와 무관하게 정해진 일'에 대한 공포로 치환해도 좋다. 이제 와서는 일요일이나 월요일이나 진배없고 어떤 의미에선 월요일이 '차라리' 나을 수도 있는데 여직 나는 '일요일 저녁의 기분' 앞에서는 속수무책이다. 아직 때가 아니다. 당장의 일요일은 온전하고 월요일까지는 아직 멀다. 그러니 나는,

   편지를 쓰기로 한다. 책장으로 가 남은 편지지가 있는지 찾아본다. 짐작은 했지만 내겐 편지지가 한 장도 남아 있지 않다. 나는 대신 엽서를 두 장 꺼낸다. 되도록 튼튼한 종이로. 어쩐지 오늘 적을 사연은 되도록 튼튼한 종이 위에 올리는 게 좋겠다고 생각한다. 제법 멀리 갈 사연이니까. 실은, 나는 이 엽서를 보내지 않을 작정이다. 일단 그렇게만 작정하고 엽서를 쓰기 시작한다. 그사이 펜을 내려놓아야 하는 일이 생긴다. 맞춤법이 맞는지 확인한다거나, 다음 내용이 떠오르지 않는다거나, 한 자세로 오래 있다 보니 스트레칭이 필요하게 되었다거나 따위의. 그러면서도 틈틈이 나는 시계를 확인하며 아직 일요일임을 '일요일 저녁의 기분'에 사로잡힐 때가

아님을 확인한다. 확인하고 조그마하게 환호한다.
일요일이야. '아직' 따위의 부사가 필요 없는 일요일.

   정확히 두 장의 엽서를 빼곡하게 채운 뒤로 나는 몇 가지, 머리를 쓰지 않아도 되는 노동을 한다. 그중 하나는 말라버린 꽃을 버리기다. 금요일 오후부터 시름대던 꽃을 부러 두고 있었다. 이처럼 나는 일요일 몫으로 몇 가지 일을 둔다. 커피머신 청소나 물주전자 설거지 같은, 더 방치한대도 별일 생길 리 없는 사소함으로 적당히 분주해지고 싶어서다. 분주하지만 딱히 바쁘지 않고 그런 중에도 일이 되어갈 때의 기쁨. 나는 연락과 부과의 바깥에서 오직 나의 일을 하고 있다. 곧 4시가 될 것이다. 그리고 4시.

   4시부터는 도리 없이 월요일에 가까운 일요일이다. 적어도 오늘 기분은 그렇다. 이때의 낙담을 피하기 위해서 미리 독서를 계획해두었다. 어젯밤까지 절반쯤 읽은 책을 오늘 마저 읽을 계획이다. 근사한 계획이다. 나는 읽는 기쁨보다, 읽고 있다는 기쁨을 더욱

만끽하면서 드물게 충만한 기분을 느낀다. 생각해보면 가득 채울 수 있는 요일은 일요일뿐이다. 일요일은 그 태생처럼, 보완의 형식을 가지고 있다. 일요일에는 신도 잠든다. 5시가 되면,

 나는 월요일을 준비한다. 스스로에게 체념을 들키지 않기 위해서. 월요일의 준비는 정리의 형식을 가지고 있다. 만년필에 잉크를 주입하거나 스케줄러에 한 주치 일정을 기입하거나, 보내놓을 메일들을 예약 발송하기. 그러는 동안 창밖에는 어둠이 내려온다. 그럴 때엔 잠시 모든 일을 멈추고 창밖을 바라보는 것도 좋다. 그런 순간의 창밖은 나를 천천히 지우기도 하는 법이다. 한 번 지워지고 나면, 정리나 준비 같은 노력이 얼마나 쓸모없는가. 시간은 무한정이고 앞날에는 조금도 측정할 수 없는 수많은 일들이 도사리고 있음을 깨닫게 된다. 무엇보다 중요한 사실은, 나의 유한함과 하찮음을 깨닫게 된다는 것이다.

 아까 쓴 편지를 읽어본다. 안부와 축복을 중언부언하고

있는 그 편지의 도착지는 나 자신이로구나. 모든 편지가 실은 그러하지만, 일요일 오후의 편지는 더더욱 사무친다. 그러곤 잠시 쓸쓸한 채. 문득 나는 나에게 다시 일요일이 주어질지 알 수 없는 일이라고 중얼거려본다. 온몸을 꽉 채우고 있는 애틋함은 아마 그로부터 찾아오는 것일 게다. 스탠드 불을 끈다. 이제 나는 나의 낡은 소파에 앉아 남은 일요일을 차근차근 지워야지. 아무런 생각 없이 책상 앞에서 한참 있다. 한동안 놓여 있다.

  마침내, 그렇게, 근사한 일요일도 끝이 났다.

창밖에는 어둠이 내려온다.
그럴 때엔 잠시 모든 일을 멈추고
창밖을 바라보는 것도 좋다.
그런 순간의 창밖은 나를
천천히 지우기도 하는 법이다.
한 번 지워지고 나면,
정리나 준비 같은 노력이 얼마나 쓸모없는가.
시간은 무한정이고
앞날에는 조금도 측정할 수 없는
수많은 일들이 도사리고 있음을 깨닫게 된다.
무엇보다 중요한 사실은,
나의 유한함과 하찮음을 깨닫게 된다는 것이다.

친구의 말

기다림은 현재 진행형

　희경 형은 기다리는 사람이다. 기다리지 않는 사람은 없을 것이다. 다들 밥때를, 호시절을, 인생의 화양연화를 기다린다. 기다리는 사람은 꿈꾸는 사람이기도 하다. 적극적으로 기다리는 게 가능하다면, 그는 분명 그 일에 능숙하다. 오지 않는 당신을, 쉽게 오지 않는 당신을. 그래서 그는 당신을 진심으로 반긴다. 기다림이 아주 잠깐 유예되었으니까.
　그는 '위트 앤 시니컬'이라는 시집 서점을 운영한다.

햇수로 벌써 9년째다. 그런 형에게 기다림은 예삿일이다. 보통은 독자를 기다리고, 자주 시집 입고를 기다리고, 간혹 어떻게 하면 서점을 잘 운영할 수 있을지 번뜩이는 아이디어를 기다릴 것이다. 기다리는 줄도 모르고 기다리는 사람, 내가 아는 유희경은 그런 사람이다.

    그러니까 희경 형은 미리 있는 사람이다. 그가 헐레벌떡 뛰어온 적이 있었던가. 내가 기억하는 그는 현장에 먼저 가 있는 사람이었다. 그때마다 나는 늘 오는 사람이었다. 오기 전에 가기를 선택하는 사람, 먼저 가서 기다리기로 마음먹는 사람은 약속 장소로 향하면서도 상대가 오는 장면을 떠올릴 것이다. 기다리는 일이 실은 오가는 일이었던 셈이다.

    그는 의자처럼 기다린다. 거기서 항상 기다린다. 앉아서 기다린다고 생각하지만, 실은 서서 기다리는 셈이다. 의자는 늘 서 있고 아주 가끔 앉아 있다. 가령 누구도 의자가 거기 있다는 사실을 모를 때, 의자 위에 앉을 대상이 어둠과 먼지밖에 없을 때. 의자는 앉아 있으면서도 기다리는 것이다. 기다리는 사람은 기대하는 사람이고, 서서 기다리던 사람이 마침내 앉기를 선택할 때 기대는 작아진다. 작아진 기대는 어디로 갔을까.

그는 시집처럼 기다린다. 한 사람이 나선계단 위로 올라온다. 하나의 기다림이 시작된다. 기다린다는 사실을 들키지 않는 방식으로, 기다리는 사람이 초조해 보이지 않기를 바라는 마음으로. 시집을 매만지던 손길이 나선계단 아래로 향하는 발길이 될 때, 기대는 적어진다. 나선계단 아래로 뱅글뱅글 돌아 소실점이 되어 사라진다. 적어진 기대는 언제 다시 올까.

9년을 기다려도 하루가 간다. 요일과 날씨에 상관없이 기다림의 밀도는 낮아지지 않는다. 기다리는 사람은 적어진 기대를 다시 적어야 한다. 기대가 적은 사람에서 기대를 적는 사람이 되어야 한다. 이는 기다리며 할 수 있는 근사한 일이다. 기다리며 할 수밖에 없는 안타까운 일이기도 하다. 그는 그 일을 한다. 기다림을 섣불리

마치지 않기 위하여.

　이따금 희경 형이 무언가를 기다리는 듯 허공을 응시하는 것을 본다. 딴생각이 분명하다. 한시도 가만있지 못하는 사람은 몸을 움직이기도 하지만, 마음을 이리저리 띄워 보내기도 한다. 자주 딴생각에 사로잡히는 그에게 초등학교 3학년 때 받은 내 생활통지표에 적힌 문장을 보여주고 싶다. "주의가 산만하나 어휘력이 풍부하다." 기다림이 곧잘 법석임을 동반하는 이유다.
　기다릴 때 그의 머릿속에서는 아침(《오늘 아침 단어》)과 밤(《반짝이는 밤의 낱말들》)이, 《사진과 시》가, 《나와 오기》가 만난다. 《겨울밤 토끼 걱정》이 《세상 어딘가에 하나쯤》 있을 《당신의 자리》를 찾아 헤매는 동안, 과거(《우리에게 잠시 신이었던》)는 미래(《이다음 봄에 우리는》)를 향해 나아간다. 기다리는 동안 아침은 밤으로 물들고 미래는 과거로 스며든다.
　기다림이 점점 길어져도 좋다. 기다리는 사람은

느긋하기만 하다. 기다리는 시간은 궁리하는 시간이자, 궁리하지 않아도 좋은 시간이니까. 그렇다고 해서 기다림에 절박함이 덜한 것은 아니다. 그는 머릿속에서 불쑥불쑥 떠오르는 사람을 밀어내지 못하니까, 가슴속에서 담방담방 튀어나오는 감정을 내리누르지 않으니까. 기다리면서 그는 이미 만나고 있다.

《카프카의 아포리즘》(편영수 옮김, 문학과지성사, 2021)에서 다음 문장을 만났다. 카프카가 1918년 봄에 남긴 노트에 쓰여 있다고 한다. "새장이 새를 찾으러 나섰다." 이 문장을 곱씹으며 희경 형을 떠올렸다. 기다리는 사람은 한 공간에 고정된 것처럼 보이지만, 새장이 새를 찾으러 나서는 것처럼 내내 주위를 살핀다.

    기다리는 일에 헛기다림은 없다. 기다리는 사람이 있었으니까, 다름 아닌 기다리는 시간이 있었으니까, 무엇보다 나타날 것이라는 믿음이 있었으니까. 희경 형은 그것을 아는 사람이다. 혼자 있는 것을 좋아하는 사람은 기다림이 몸에 배어 있다. 혼자가 함께가 되기를 기다렸다가도, 순리처럼 함께가 다시 혼자가 되기를 기다리는 것이다. 함께 있어서 족히 행복하다가 홀로 남았을 때 적잖은 안도감을 느낀다. 부족한 감정은 다시 기다림으로 채워진다.

   그리고 그의 곁에 있는 시집들. 누군가의 손에 들리기를, 기꺼이 펼쳐지기를 기다리는 시집들. 그는 으레 기다리는 곳에 있고 통상 기다리는 일을 한다. 그 기다림은 희경 형에게 기대와 불안은 한 몸이라는 것을 알려주었을 것이다. 모름과 슬픔이, 동시에 앎과 슬픔이 한통속이라는 것을 깨닫게 했을 것이다.

   그래서일까, 그가 기다리는 동안에도 만나고 헤어질 때 인사하는 장면을 상상하는 것은. 해가 뉘엿뉘엿 지고 책장이 넘어간다. 새들의 울음소리가 잦아들 즈음 감자칩 봉지는 비어간다. 그는 습관처럼 혼잣말하다가 자신이 기다리는 중이라는 사실을 깨닫고 퍼뜩 놀랄지도 모른다. 상태가 지속되면 형편이 되고, 달라지지 않는 형편은 일상 깊숙이 스며들기 때문이다.

 기다림은 마음을 쓰는 일이다. 기다림이 길어질수록 마음은 닳지 않는다. 더 반질반질해진다. 더 바빠지기만 한다. 더 불어나기 일쑤다. 그래서 기다리는 사람은 부자다. 화수분이다. 기다림 속에서 사는 사람의 속이 깊어지는 이유다. 상대가 천천히 오길 바라는 마음은 기다리는 시간이 천천히 흘렀으면 하는 바람과도 맞닿아 있다. 그렇게 '한동안'과 '한참'과 친해지는 일이 바로 기다림이다.

 기다린다는, 너무나 당연해진 일이 문득 어색하게 느껴질 때 희경 형은 쓰기 시작하지 않을까. 쓰면서 더 애틋하게, 더 절실하게 기다릴지도 모른다. 기다리는 사람이 쓰는 글에는 편지만 한 것이 없으니까. 기다림은 만날 때까지 중단되지 않는다. 그가 늘 '미리'의 자세로 '아직'의 상태에 사는 이유다.

희경 형은 오늘도 기다린다. 기다림은 현재
진행형이다. 기다림의 앞뒤에도 기다림이 있으니까.
현재에 깃들기 위해서라도, 이 책은 천천히 읽혀야 한다.

오은(시인)

천천히 와

초판 1쇄 인쇄 2025년 07월 10일
초판 1쇄 발행 2025년 07월 30일

지은이 유희경
펴낸이 최순영

출판2 본부장 박태근
스토리 팀장 김소연
일러스트 장고딕
손글씨 권미진
디자인 김준영

펴낸곳 ㈜위즈덤하우스 **출판등록** 2000년 5월 23일 제13-1071호
주소 서울특별시 마포구 양화로 19 합정오피스빌딩 17층
전화 02) 2179-5600 **홈페이지** www.wisdomhouse.co.kr

ⓒ 유희경, 2025

ISBN 979-11-7171-460-5 03810

- 이 책의 전부 또는 일부 내용을 재사용하려면 반드시 사전에 저작권자와 ㈜위즈덤하우스의 동의를 받아야 합니다.
- 인쇄·제작 및 유통상의 파본 도서는 구입하신 서점에서 바꿔드립니다.
- 책값은 뒤표지에 있습니다.